DUMONTS KLEINES GEWÜRZ LEXIKON

Herkunft • Geschmack • Verwendung • Rezepte

Anne Iburg

Die Deutsche Bibliothek - CIP-Einheitsaufnahme

DuMonts kleines Gewürzlexikon : Herkunft, Geschmack, Verwendung,
Rezepte / Anne Iburg - Orig.-Ausg. - Köln : DuMont-Monte-Verl., 2002
 (Monte von DuMont)
 ISBN 3-8320-8780-X

Originalausgabe
© 2002 DuMont monte Verlag, Köln
Alle Rechte vorbehalten
Druck und buchbinderische Verarbeitung:
Graphicom, Vicenza

Printed in Italy

ISBN 3-8320-8780-X

Inhalt

8 EINFÜHRUNG

24 DIE GEWÜRZE VON A BIS Z

236 GEWÜRZMISCHUNGEN UND PASTEN

290 WELCHES GEWÜRZ PASST WOZU?

293 GUTE GEWÜRZKOMBINATIONEN

294 WELTKARTE DER GEWÜRZPRODU-
ZIERENDEN LÄNDER

296 ADRESSEN VON GEWÜRZHÄUSERN

298 REGISTER

Einführung

Gewürze gehören zu den schönsten Nebensachen der Welt. Auch wenn ihr Anteil an der täglichen Nahrung verschwindend gering ist, so sind sie doch kulinarisch von großer Bedeutung. Was wäre ein Hackklops ohne Pfeffer, eine Pizza ohne Oregano, Kartoffelbrei ohne Muskat oder Pflaumenmus ohne Zimt? Fades, eintöniges Essen!

Für die Würze des Lebens sorgen die Gewürze nicht nur in kulinarischer Hinsicht. Kein Lebensmittel hat den Lauf der Geschichte so geprägt wie die Gewürze, keinen anderen Zutaten werden so viele heilende Kräfte zugewiesen wie den Gewürzen. Gewürze faszinieren den Menschen seit alters her, ihnen werden sogar magische und aphrodisierende Kräfte zugesprochen.

Seit wann würzt der Mensch?

Lorbeerblätterkrämer, 18. Jh.

Diese Frage ist fast so schwierig zu beantworten, wie die Frage nach der Henne und dem Ei. Denn der Mensch wird vermutlich schon so lange Speisen würzen, wie er kocht. Es unterscheidet uns unter anderem vom Tier, dass wir nicht nur essen, um unseren Hunger und Durst zu stillen, sondern dass wir das Bedürfnis nach mehr haben – nämlich nach leckeren Speisen. So erkannten unsere Vorfahren schon früh, dass bestimmte Blätter und Früchte die Speisen geschmacklich verbessern. Fleisch wurde, vor oder nachdem es über dem Lagerfeuer gebraten wurde, mit Blättern oder Beeren eingerieben. Es brauchte sicherlich nicht einen Topf, um Gewürze zum Verfeinern der Gerichte einzusetzen, wie in einigen Büchern zu lesen ist. Der Topf erweiterte jedoch die Anwendungsmöglichkeiten in der Küche und damit das Repertoire an Gewürzen. Sie konnten nun auch aufbewahrt und gemischt werden. Übrigens stammen die ältesten Funde an Gewürzen aus Mexiko. Dadurch lässt sich belegen, dass bereits etwa 7000 v. Chr. die Ureinwohner Mexikos mit Chili gewürzt haben.

Pfeffer, Buchillustration, 17. Jh.

Gewürze in der Antike

Für die Alte Welt liegt die Wiege der Gewürze in Indien. Schon vor etwa 5000 Jahren muss es ein weitverzweigtes Handelsnetz gegeben haben, das sich von China über Indien, Persien, Mesopotamien bis Ägypten erstreckte. Reste von Anis, Bockshornklee, Kardamom, Kassia, Kümmel, Dill, Fenchel und Safran sowie anderen Gewürzen hat man als Beleg für deren Verwendung in den Pyramiden gefunden. Zur Zeit der Pharaonen waren diese Gewürze nicht alleine den Reichen vorbehalten, auch die Speisen der Sklaven wurden gewürzt. Dies war aber kein reiner Akt der Menschenliebe, sondern diente der Gesunderhaltung der Arbeitskräfte. Die Beigabe der Gewürze in die Speisen sollte in erster Linie vor Epidemien schützen. Das Würzen diente somit nicht nur als Genussmittel, sondern vor allem auch zur Gesundheitsprophylaxe.

Eine medizinische Rezeptsammlung stellt der Papyrus Ebers dar, der bereits 1500 v. Chr. am Nil verfasst wurde. Heute wird er in der Universitätsbibliothek in Leipzig aufbewahrt. Das Werk hat eine Länge von 20 m und enthält Information zu über 700 Naturstoffen. Hier lässt sich nachlesen, dass die Meerzwiebel bei Wassersucht, der Rettich als Brustmittel und Knoblauch sowie Zwiebel als natürliche »Antibiotika« eingesetzt wurden.

Hippokrates

Im antiken Griechenland erlebte die Kräuterheilkunde ihre Blüte zur Zeit von Hippokrates (460–370 v. Chr.). Er beschrieb in seinem Lehrbuch »Corpus Hippocraticum« unter anderem über 230 Heilpflanzen. Die Familie des Hippokrates, die Asklepiaden, beanspruchten Asklepios, Gott der Heilkunde im griechischem Altertum und Sohn des Apolls, als einen ihrer Vorfahren. Hippokrates soll bereits als Kind von seinem Vater Herakleidas entsprechend der Familientradition über die Wirkung und Verwendung von Heilpflanzen unterrichtet worden sein. Danach folgten Reisen durch Kleinasien und Griechenland, auf denen er seine »ärztliche Kunst« als wandernder Arzt ausübte und weiterentwickelte. Berühmt, geachtet und allseits geehrt kehrte er auf die Insel Kos zurück, um hier zu praktizieren, zu schreiben und in einer eigenen Schule Medizin zu lehren.

Auch im antiken Rom war die Kräuterheilkunde weit verbreitet und von den Griechen im Wesentlichen übernommen worden. Mit Sicherheit weiß man, dass die Römer folgende Gewürze auch zum Kochen verwendeten: Dill, Kümmel, Senf, Koriander, Selleriesamen, Knoblauch, Thymian, Majoran, Bohnenkraut, Petersilie, Anis, Fenchel, Sesam und Mohn. Der Pfeffer wurde um Christi Geburt eingeführt und war nicht nur ein Gewürz der reichsten Bürger Roms, sondern entwickelte sich auch zur eigenständigen Währung.

Mit den römischen Legionären kamen viele Gewürze nach Mitteleuropa. Am Rhein, im gesamten Gallien oder auch auf der britischen Insel »Britannica« überlebte so manches Gewürz die römische Besatzung. Die meisten säten sich von selbst aus, aber erhielten vorerst nur wenig Beachtung von den dort lebenden Völkern.

Handelswege nach Europa

Jahrhunderte lang wurden Gewürze entlang alter Karawanenrouten von China quer durch Asien nach Europa transportiert. Die Seidenstraße ist der berühmteste dieser Handelswege. Der genaue Verlauf ist heute nicht mehr bekannt, man hat nur Warenzentren als Anhaltspunkte und weiß, dass es drei Hauptrouten gab. Der Seeweg nach Europa wurde um 100 n. Chr. von den Römern entdeckt. Sie segelten nach Südafrika und Indien und brachten zahlreiche Gewürze mit nach Europa. Daraus wurden Parfüms, Schönheitsmittel und Medikamente hergestellt. Das Wissen um den Seeweg ging aber mit dem Untergang des Römischen Reiches verloren. So blieb die Seidenstraße der wichtigste Weg zum Austausch von Gütern und Wissen zwischen der abendländischen, orientalischen und asiatischen Welt.

Sogdische Händler hatten in der Antike und im frühen Mittelalter den Handel entlang der Seidenstraße fest im Griff. Von ihrem Ursprungsort Samarkand aus zogen sie immer weiter in den Osten und errichteten Kolonien in Ost-Turkestan, in der Mongolei und in China. Sie brachten nicht nur Waren vom Osten nach Westen, sondern auch in die Gegenrichtung – teils auf dem Rücken von Kamelen, teils auf dem eigenen. Oft war Geldhandel nicht möglich, so dass sie zu direktem Warentausch gezwungen waren: Seide gegen Gewürze, Gewürze gegen Lapislazuli, Jade und Silberschmuck, Schmuck gegen Zobel und andere Pelze, Pelze gegen Wolldecken, Decken gegen luxuriöse Glaswaren, und so fort. Viele orientalische Gewürze kamen so nach Europa.

Die Kräutergärten des Mittelalters

Arbeit in einem ummauerten Stadtgarten, Buchmalerei, 15. Jh.

Karl der Große gab mit dem Werk »Capitulare de villis et curtis imperialibus« aus dem Jahre 802 eine Sammlung von Vorschriften für die ihm unterstellten Klöster, Güter und Reichshöfe heraus. In dieser Verordnung war genau festgelegt, welche Kräuter und Pflanzen von den Mönchen, Fürsten und freien Herren angebaut werden mussten. Dabei handelt es sich ausschließlich um Nutzpflanzen für Mensch und Tier, die nähren, würzen, heilen, haltbar machen oder auch Ungeziefer vertreiben.

Unter anderem findet man einheimische Kräuter wie Bärlauch, Estragon, Bohnenkraut, Brunnenkresse, aber auch mediterrane Pflanzen wie Rosmarin, Koriander und Salbei. Die aus ferneren Ländern stammenden Pflanzen sind als Samen, Stecklinge oder Reiser nach Nord- und Mitteleuropa gebracht worden. Zahlreiche Kräuter haben mehrere Funktionen: Sie würzen und heilen wie Minze und Kümmel, oder würzen und machen haltbar wie Dill.

Die Äbtissin Hildegard von Bingen (1098–1179 n. Chr.) lebte zur Zeit Barbarossas. Detailliert beschreibt sie in den von ihr überlieferten Schriften die Heilwirkung und Würzkraft einzelner Pflan-

Hildegard von Bingen

zen. Hier kann man genaue Dosierungen nachlesen und auch, welcher Teil der Pflanze für was Verwendung fand. So gab es Kräuter zum Stillen des Blutes, gegen Erkältungen, Husten und Schnupfen, zum Schweiß- und Harntreiben, gegen Magen- und Darmbeschwerden, gegen Hautekzeme und Geschwüre, gegen Verrenkungen und Knochenbrüche und natürlich auch gegen Frauenleiden bis hin zur Abtreibung. Darüber hinaus gab es Kräuter gegen Insektenstiche und Schlangenbisse sowie Pflanzen, die Flöhe, Läuse und Wanzen vertreiben konnten.

Kreuzzüge – Gewürzkriege des Mittelalters

Bis hin zu den Kreuzzügen war durch die Vorherrschaft des Islam der Warenaustausch zwischen Asien und Europa durch die Araber dominiert. Die arabischen Reiche der Abbasiden mit Byzanz als Hauptstadt und das Reich der Fatimiden mit Alexandria und Kairo als wichtige Gewürzumschlagsorte wurden zum Bindeglied des Waren- und damit Gewürzaustausches zwischen Orient und Okzident. Um diese Zeit entstanden auch in den arabischen Kaffeehäusern die Abenteuer des kleinen Kaufmanns und Seefahrers Sindbad.

Mit den Kreuzzügen stieg im Abendland unbewusst die Nachfrage nach Gewürzen. In der Folge der Eroberung des heutigen Syriens und Palästinas erhielten die Christen die Kontrolle über eine der wichtigsten Handelsregionen zwischen West und Ost.

Gewürzhändler auf dem Markt in Sanaa, Jemen

Es wurden in der ganzen Mittelmeerregion und insbesondere in Levante Kreuzritterstaaten gegründet. Diese verfügten zwar über keine eigene Flotte, nutzen aber die Schiffe der oberitalienischen Kaufleute.

Unter Führung von Dschingis Khan eroberten die Mongolen im 13. Jahrhundert ein Riesenreich, dass sich vom Chinesischen Meer bis zum Mittelmeer erstreckte. Die Toleranz der Mongolen ermöglichte es den italienischen Kaufleuten, direkt zu den Anbauländern der Gewürze zu reisen. Marco Polo (1254–1324) reiste in diesem Zeitraum entlang der Seidenstraße nach China und kam nach einer 24-jährigen Odyssee wieder nach Venedig zurück.

Venedig und die Monopolstellung der Italiener

Ippolito Caffi, Piazza San Marco, Venedig, 1858

Für die Venezianer waren die Kreuzzüge ideal, denn durch die christlichen Festungen in Vorderasien konnten sie die arabischen Händler umgehen und die Gewürze preiswerter einkaufen. Zuvor hatten sich die Araber aus der Levante und die Venezianer den europäischen Gewürzmarkt gut geteilt. Die Araber waren die orientalischen Gewürzgroßhändler, die den Venezianern die Gewürze aus Asien brachten, was sie sich natürlich gut bezahlen ließen. Aber die Venezianer verstanden es durchaus, die knappe Ware zu Höchstpreisen weiterzuverkaufen. Die Gewinnspannen der Gewürzhändler waren eminent. Ein Gewürz hat im 14. Jahrhundert auf dem Weg von Kalkutta bis Venedig seinen Preis um das Hundertfache steigern können. Ein Pfund Safran war im Mittelalter soviel wert wie ein Pferd, ein Pfund Ingwer kostete ebensoviel wie ein Schaf, Pfeffer wurde teilweise mit Gold aufgewogen. Gewürze waren ein Zeichen von Reichtum, sie galten als willkommene Gastgeschenke für Fürsten oder wurden auch als Lösegeld verlangt. Venedig, Genua und Pisa verdankten ihren Reichtum dem Gewürzhandel, der ihnen über 400 Jahre lang hohe Profite brachte. Im Mittelalter war aufgrund der hohen Gewinnerwartungen das Fälschen von Gewürzen an der Tagesordnung. Auch hohe Strafen wie in Nürnberg, wo ein Gewürzfälscher bei lebendigem Leibe mit seiner Ware verbrannt wurde, schreckten die Menschen nur wenig ab.

Nach dem Machtverlust der Mongolen in China und dem Erstarken der aufstrebenden Ming-Dynastie brach der direkte Handel zwischen Europa und China ab. Die Gewürzhändler tätigten ihre Geschäfte wieder mit den Kaufleuten aus Beirut, Tripolis und Alexandria. Die Seefahrt und die technischen Errungenschaften der frühen Neuzeit erlaubten den Südländern auch riskantere Fahrten: Sie verließen das Mittelmeer über die Straße von Gibraltar und erkundeten die Küste Portugals, Nordspaniens, Frankreichs sowie Mittel- und Nordeuropas. Neue wichtige Umschlagplätze für Gewürze wurden Antwerpen, Brügge und London.

Portugal setzt sich an die Spitze des Gewürzhandels

Der Entdeckerdrang und die Zweifel an dem Modell der Erde als Scheibe brachten eine Wende im Gewürzhandel. Nicht nur dass die Europäer neue Gewürze kennen lernten, mit den neuen Entdeckungen kamen auch andere Nationen in Europa zu Ansehen und Macht. Die tollkühnen Portugiesen segelten entlang der afrikanischen Küste Richtung Süden und brachten zunächst afrikanische Gewürze ins Abendland. Nachdem der portugiesische Seefahrer Vasco da Gama 1499 mit beladenen Schiffen aus Indien heimkehrte, brach die italienische Vormachtstellung endgültig zusammen. Nun wurden die Preise für Gewürze in Europa aus Lissabon diktiert. Zu

Ludolf Backhuysen, Flotte der Niederländisch-Indischen Kompanie, 1675

den wichtigsten Handelsgütern zählten Pfeffer, Nelken, Ingwer, Zimt und Muskat. Der importierte Zimt stammte aus Ceylon, dem heutigen Sri Lanka. Die Portugiesen richteten ein Zimthandelsmonopol ein und konnten so durch die hohen Gewinne ihre zahlreichen kostspieligen Entdeckungsreisen finanzieren.

Auch der berühmte Reichtum der Fugger gründete sich in der Anfangszeit unter anderem auf den Handel mit Gewürzen. Bezeichnend ist die Erzählung, wonach Mitte des 16. Jahrhunderts der Kaufmann Anton Fugger Schuldscheine von Karl V. vor den Augen des Kaisers in einem Kaminfeuer aus kostbaren Zimtstangen verbrannte.

PAPRIKA UND PIMENT – VON DEN SPANIERN FÜR EUROPA ENTDECKT

Neben den Portugiesen steckten auch die Spanier viel Geld und Knowhow in die Seefahrerei. Der genuesische Seefahrer Christoph Kolumbus wurde von Isabella I. von Kastilien und Ferdinand II. von Aragonien mit drei Schiffen ausgestattet, um seinen Plan, einen Seeweg Richtung Westen nach Indien zu finden, realisieren zu können. Er kam zwar nie in Indien an, entdeckte dafür aber Amerika. Auf der zweiten Entdeckungsfahrt gehörte zu Kolumbus' Reisebegleitern ein Arzt namens Chanca aus Sevilla. Durch ihn gelangten um 1494 neue Gewürze nach Europa. Pimentbäume trugen zwar keine Früchte in der neuen Heimat, und auch die Vanille ließ sich nicht in Europa kultivieren. Paprika und Chilipflanzen eroberten jedoch die Alte Welt. Zuerst betrachtete man Paprika als eine Pfefferart und baute die

Paprikapflanze, den sogenannten spanischen Pfeffer, mehr als exotische Zierpflanze an. Knapp 100 Jahre später hatte sich der Paprikaanbau in Spanien durchgesetzt und verbreitete sich schnell über ganz Europa – bis er seine neue Heimat in Ungarn fand und das ungarische Nationalgewürz wurde. Chilischoten werden heute überall in der Welt angebaut.

Neben Kolumbus hatten die Spanier auch den portugiesischen Seefahrer Fernando Magellan unter Vertrag. Er umsegelte als erster die Welt. Er überlebte die Fahrt zwar nicht, und von seiner Flotte kam nur ein einziges Schiff wieder zurück. Dieses war aber so reichhaltig mit Gewürzen und anderen Handelsgütern beladen, dass es bei weitem die Kosten der Fahrt wettmachte. Nachdem die Spanier und Portugiesen sich um die Vorherrschaft im Gewürzhandel geeinigt hatten – Spanien handelte mit dem Westen der Welt und Portugal mit dem Osten –, machte sich ein anderes Handelsvolk auf den Weg nach Fernost, um auch an dem Reichtum der Gewürze teilzuhaben: Die Holländer eroberten die Welt der Gewürze.

Arbeit auf der Plantage, Indien, 18. Jh.

Kolonien – brachten Reichtümer nach Europa

Ein trauriges Kapitel der Geschichte der Gewürze sind die Kämpfe und Kriege um die Kolonien und der dortige Gewürzanbau, die Bodenschätze und die Ausbeutung der Menschen als billige, rechtlose Arbeitskräfte. Erst nach dem Zweiten Weltkrieg endete die Kolonialherrschaft und damit die Zeit der Gewürzmonopole definitiv.

Die damals allmächtige Holländisch-Ostindische Kompanie, die erste Aktiengesellschaft der Welt, beherrschte den Handel von Muskat und Gewürznelken. Sie nahm den Portugiesen die Molukken ab und profitierte vom Monopol auf Gewürznelken und Muskat: Sie verkaufte den Muskat in Europa mit 200 Prozent Aufschlag. Diese Gewinne verteidigten die Holländer mit ziemlicher Brutalität: Muskat- und auch Nelkenbäume durften nur auf den zwei Molukkeninseln Ambon und Banda angebaut werden. Alle anderen Bäume wurden zerstört. Wer heimlich Muskatbäume oder Nelkenbäume anpflanzte, wurde mit dem Tode bestraft, wer eine Nuss stahl, dem wurde eine Hand abgehackt. Doch diese Härte war letztendlich vergebens. Dafür sorgten schon die Muskatnussfresser, eine große Taubenart, die sich von frischen Muskatfrüchten ernährt und dadurch die Samenkerne auf andere Inseln verschleppte. Im Jahre 1770 gelang es den Franzosen, ein paar Muskatnussbäumchen und Nelkenstecklinge von den Molukken zu stehlen und in den eigenen Kolonien auf Madagaskar, Mauritius und Réunion anzupflanzen. Damit war auf Dauer die Alleinherrschaft um die beiden Gewürze gebrochen.

Drogist, 17. Jh.

1780 ging die Holländisch-Ostindische Kompanie bankrott, denn die Engländer blockierten die holländischen Schiffe in Ostindien. London selbst war der wichtigste Umschlagplatz für Gewürze aus Sri Lanka und Indien geworden. Zimt brachte den englischen Händlern die größten Einnahmen.

Gewürze und Kräuter geraten in Vergessenheit

Warum Gewürze und Kräuter im 19. Jahrhundert aus der Mode gerieten, ist noch nicht eindeutig zu beantworten. Die Nachfrage nach Gewürzen sank, andere Produkte wurden wichtige Handelsgüter: Kakao, Kaffee und Zucker waren die Trendsetter in den Küchen der wohlhabenden Bevölkerung in Europa. Das opulente Würzen der Speisen kam aus der Mode, viele Kräuter gerieten in Vergessenheit. Neue Lebensmittel wie Kartoffeln, Reis, Tomaten oder Rosenkohl waren die kulinarischen Modethemen. Gewürze erlebten erst nach dem Zweiten Weltkrieg ihr Comeback. Durch den Verkauf in Dosen und Gläsern weckten sie das Interesse der modernen Hausfrau. Bedingt durch die Reisefreudigkeit der Menschen in der zweiten Hälfte des 20. Jahrhunderts und das Entdecken von anderen Kulturen, spielen auch die Küchen und Gewürze anderer Länder bei uns eine immer größere Rolle. So lebte unser Interesse an Gewürzen und Kräutern wieder auf.

Haus der Ostindischen Kompanie, London, 17. Jh.

Gewürze in der Küche

Gewürze und getrocknete Kräuter möchten am liebsten in Ihrer Küche »schlummern« – dies bedeutet, dass das Lagern von Gewürzen in dekorativen, lichtdurchlässigen Gläsern diesen überhaupt nicht bekommt. Durch das Licht bleichen sie aus und verlieren nicht nur an Farbe, sondern auch an Aroma. Auch wenn es praktisch ist, die Kräuter gleich neben dem Herd stehen zu haben, finden Ihre Gewürze das alles andere als gut. Durch die Wärme und Feuchtigkeit verlieren sie an Würzkraft. Ideal ist es, wenn man Gewürze und getrocknete Kräuter dunkel, luftdicht verschlossen, kühl und trocken lagert.

Gesellige Typen sind Gewürze und Kräuter auch nur bedingt. Mehrere Gewürze sollten niemals im gleichen Gefäß aufbewahrt werden, denn sie geben leicht Duft- und Aromastoffe ab und nehmen Fremdgerüche schnell auf. Auch wenn Sie Ihre Gewürze perfekt lagern, sollten Sie Ihre Bestände von Zeit zu Zeit auf ihr Aroma hin prüfen. Sie werden zwar nicht schlecht, aber mit der Zeit verliert nun mal jedes noch so wertvolle Gewürz an Aroma und Geschmack.

Hinweise zum Gewürzlexikon

Die folgenden Hinweise sollen Ihnen helfen, sich mühelos im Gewürzlexikon zurechtzufinden:
Die Kräuter werden alphabetisch nach ihrem botanischen Namen aufgeführt. In der Zeile darunter finden Sie den gängigen deutschen Namen. Gibt es im Volksmund noch weitere Bezeichnungen, so finden Sie diese unter der Rubrik »Synonyme«.

Der Kasten in der Randspalte zeigt Ihnen auf einen Blick die wichtigsten Merkmale jeder Pflanze. Die Symbole haben folgende Bedeutung:

Verwendung:
✕ Küchenkraut
♫ Heilpflanze

Essbarer Anteil:
❀ Blüte
🌾 Samen, Frucht
🌿 Blatt
🌾 Stängel, Rinde
🧅 Wurzel, Zwiebel

Herkunftsland:
Afrika
Amerika
Asien
Europa

Eigenschaft:
❗ Einige der genannten Kräuter sind je nach Dosis giftig bzw. können bei empfindlichen Personen Allergien oder bei Schwangeren Fehlgeburten auslösen. Wie gefährlich sie sind, hängt im Wesentlichen von der Dosis, vom verwendeten Pflanzenteil und der Zubereitung ab.
Beachten Sie deshalb die Hinweise auf der letzten Seite jedes Porträts. Im Zweifelsfall verzichten Sie lieber auf das Gewürz.

Allium sativum
Knoblauch

Herkunft:
Asien

Essbarer Anteil:

Verwendung:
✕ ♆

▬ Familie: Lauchgewächse (*Alliaceae*)

▬ Synonyme: Knofel, Alterswurzel, Stinkwurzel, Knobi

▬ Verwendungsformen: Zwiebel, frisch ganz oder als Paste sowie getrocknet und gemahlen

▬ Herkunft: Vermutlich kommt der Knoblauch ursprünglich aus Westasien, heute ist er überall auf der Welt zuhause und wird in allen Erdteilen in den gemäßigten und subtropischen Klimazonen angebaut.

▬ Merkmale: Knoblauch ist eine 70 cm hohe Pflanze. Die Knolle besteht aus einer eiförmigen Hauptzwiebel mit etwa 12 Nebenzwiebeln, die umgangssprachlich »Zehen« genannt werden. Aus der Hauptzwiebel wachsen ein röhrenförmiger Stiel und dünne lange Blätter. Zwischen Juli und August blühen die rötlich-weißen Blüten, die als kugelige Scheindolde zusammengefasst sind. Knoblauch enthält eine Vielzahl von Schwefelverbindungen. Für den Geschmack ist Allicin (Diallyldisulfidoxid) am wichtigsten, das beim Hacken der Zehe aus Alliin gebildet wird.

▰ Verwandte Arten: Botanisch ist Knoblauch mit anderen Zwiebelgewächsen wie Schnittlauch, Bärlauch und der Küchenzwiebel verwandt.

▰ Mythologisches: Bei den Römern galt Knoblauch als Aphrodisiakum. Der Genuss der Zehen sollte die Potenz beim Mann erhöhen. Im Balkan war man davon überzeugt, dass der Verzehr von Knoblauch vor dem Biss der blutsaugenden Vampire schütze.

▰ Anwendung in der Heilkunde: Schon um 1500 v. Chr. war Knoblauch Bestandteil in verschiedensten Heilrezepturen und wurde bei den alten Griechen gegen eine Vielzahl von Erkrankungen eingesetzt. Im Mittelalter verschrieben die Ärzte Knoblauch bei Knochenbrüchen und gegen Sommersprossen.

Noch heute hat Knoblauch eine medizinische Wirkung, jedoch für andere Erkrankungen. Er hat eine antiseptische und schleimlösende Wirkung. Ein Sud aus Knoblauch dient sowohl zur äußeren Anwendung als Wickel bei Halsweh oder entzündlichen Schwellungen wie auch als Getränk bei Schleimhautentzündungen und Bronchitis.

Die schwefelhaltigen Verbindungen des Knoblauchs sollen bei regelmäßigem Genuss vor Herz-Kreislauf-Erkrankungen schützen.

Küchentipps

Frischen Knoblauch erkennen Sie daran, dass sich unter der getrockneten Außenhaut feste, weiße Zehen befinden. Drücken Sie beim Einkauf daher vorsichtig auf die Knolle. Vielleicht ist Ihnen aufgefallen, dass es rosafarbene und weiße Knollen gibt. Der geschmackliche Unterschied ist gering. Von Gourmets wird oft der rosafarbene Knoblauch bevorzugt.

Knoblauchpaste kommt noch sehr gut an den Geschmack der Knollen heran. Das Salz sowie das Pulver sind nur im Notfall zu verwenden, insbesondere dann, wenn man schnell etwas abschmecken möchte.

Bevor Sie den Knoblauch schälen und hacken, befeuchten Sie Ihre Hände und das Schneidebrett, dann verliert sich der Geruch schneller.

Knoblauch entfaltet erst sein volles Aroma, wenn er durch eine Knoblauchpresse gedrückt oder mit einem Messer fein gehackt wird. Wenn Knoblauch in Öl angebraten bzw. mitgekocht wird, verliert er an Schärfe.

In der Küche

Aroma:

Knoblauch hat einen schwach brennenden, leicht süßlichen Geschmack. Sein Geruch ist schwefelig und daher eigenartig penetrant.

Verwendung:

Knoblauch ist ein Universalgewürz für alle pikanten Gerichte. In der mediterranen und asiatischen Küche spielt er oft geschmacklich die erste Geige. Tapas, Antipasti oder Mezze sind fest vom Knoblauch dominiert. Er passt zu Fleisch und Fisch, in Aufläufe und Suppen. Bei so manchem Salatdressing und Dip möchte man sein Aroma nicht missen.

Versteckter Einsatz:

Ob italienisches Pesto, asiatische Currypasten oder indische Gewürzmischungen – ohne das Universalgewürz Knoblauch wären sie nur halb so lecker.

Einkauf/Lagerung:

Knoblauch wird ganzjährig angeboten, im Frühjahr gibt es den jungen Knoblauch, diesen können Sie im Ganzen als Gemüse essen. Knoblauch sollte dunkel und trocken lagern, dann hält er mehrere Monate. Die Knoblauchpaste, im Glas oder in der Tube, sollte nach dem Erstgebrauch im Kühlschrank aufbewahrt werden. Pulver und auch Salz sind gut verschlossenen und dunkel aufzubewahren.

Allium tuberosum
Schnittknoblauch

Herkunft:
Asien

Essbarer Anteil:
🌸 🌿 🌱

Verwendung:
✕ ♞

■ FAMILIE: Lauchgewächse (*Alliaceae*)

■ SYNONYME: Schnittlauchknoblauch, Chinesischer Schnittlauch, Chinalauch, Knolau

■ VERWENDUNGSFORMEN: Blätter, Stängel und Blüten

■ HERKUNFT: Schnittknoblauch wird in Asien seit Jahrhunderten angebaut.

■ MERKMALE: Schnittknoblauch ist eine Kreuzung aus Knoblauch und Schnittlauch. Die mehrjährige Pflanze wächst bis zu 50 cm hoch. Im Aussehen erinnert er sehr stark an Schnittlauch, nur dass alles ein bisschen größer ist.

■ VERWANDTE ARTEN: Seine nächsten botanischen Verwandten sind Schnittlauch und Knoblauch. Zwiebel, Lauch und Bärlauch gehören zur ferneren Verwandtschaft.

■ ANWENDUNG IN DER HEILKUNDE: In der chinesischen Medizin wird Schnittknoblauch wegen seiner verdauungsanregenden Tätigkeit geschätzt.

In der Küche

Aroma:
Schnittknoblauch schmeckt und riecht wie Schnittlauch mit einem dezenten Knoblauchgeruch und -geschmack.

Verwendung:
Schnittknoblauch ist ein typisches Gewürz der asiatischen Küche. Er passt besonders gut in Salate, Suppen und Eintöpfe sowie zu Eierspeisen.

Einkauf/Lagerung:
Schnittknoblauch finden Sie das ganze Jahr über im Asialaden. Er kann mit feuchtem Küchenpapier umwickelt und in einen Gefrierbeutel eingepackt 1–3 Tage im Gemüsefach aufbewahrt werden.

Küchentipps:
Frischen Schnittknoblauch erkennt man an den geschlossenen Blütenknospen.
Schnittknoblauch immer erst zum Schluss in heiße Speisen geben, denn durch langes Kochen wird das Aroma zerstört.
Schnittknoblauch lässt sich, statt ihn mit dem Küchenmesser zu hacken, besser mit einer Schere in Röllchen schneiden.
Sollten Sie Schnittknoblauch länger aufbewahren wollen, dann frieren Sie ihn in Röllchen geschnitten mit etwas Wasser in einer Eiswürfelschale ein. Schnittknoblauch ist zum Trocknen nicht geeignet, da das Kraut sein Aroma verliert.

Allium ursinum
Bärlauch

Herkunft:
Europa, Asien

Essbarer Anteil:

Verwendung:
✕ ♠

Eigenschaft:
❗

▬ FAMILIE: Lauchgewächse (*Alliaceae*)

▬ SYNONYME: Waldknoblauch, Wilder Knoblauch, Zigeunerlauch, Ramsel

▬ VERWENDUNGSFORMEN: Blätter, frisch

▬ HERKUNFT: Der Bärlauch wächst wild in Europa und Nordasien in feuchten, humusreichen, schattigen Laub- und Auwäldern.

▬ MERKMALE: Bärlauch kommt im März mit den ersten Schneeglöckchen und den ersten Brennnesseltrieben heraus. Ende Juni schließen die 20–50 cm hohen Pflanzen ihren jährlichen Zyklus mit der Samenreife und dem Einziehen der lanzettförmigen Blätter ab. Die Blätter erinnern in ihrer Form an Maiglöckchen. Bärlauchblätter weisen eine hohe Konzentration an Schwefelverbindungen, Magnesium, Mangan und Eisen auf. Die schwefelhaltigen Substanzen sind an Eiweißstoffe wie Glutathion und Cystein gebunden. Einige schwefelhaltige Verbindungen werden aber beim Abschneiden oder Zerkleinern der Blätter frei und sind dafür verantwortlich, dass Bärlauch im Geruch an

Knoblauch erinnert. Da aber die schwefelhaltigen Verbindungen des Knoblauchs stärker an Eiweißstoffe gebunden sind, hält sich der nach Knoblauchgenuss typische Mund- und Körpergeruch nach dem Verzehr von Bärlauch in Grenzen.

▬ VERWANDTE ARTEN: Botanisch ist Bärlauch mit anderen Lauchgewächsen wie Knoblauch, Schnittlauch und der Zwiebel verwandt.

▬ MYTHOLOGISCHES: Der Bärlauch verdankt seinen Namen den alten Germanen. Man glaubte, dass der Bär seine Kraft und Fruchtbarkeit auch auf bestimmte Pflanzen übertragen kann und sich der Mensch durch deren Verzehr Bärenkräfte einverleiben konnte. Nach entbehrungsreichen Wintern sorgten frische Bärlauchblätter sicherlich für einen abwechslungsreichen Speiseplan nach der eintönigen Winterkost.

▬ ANWENDUNG IN DER HEILKUNDE: Im Mittelalter waren frische Bärlauchblätter besonders zur Entschlackung und Kräftigung des Körpers hoch geschätzt. Heute ist bekannt, dass die schwefelhaltigen Verbindungen für eine antibakterielle und antimykotische Wirkung verantwortlich sind. Ferner fördert Bärlauch die Durchblutung und verhindert die Verklumpung von Thrombozyten, sodass das Blut fließfähiger bleibt.

SCHON PROBIERT?

BÄRLAUCHBUTTER
1 Bund Bärlauch waschen, trockentupfen und mit einem schweren Messer sehr fein hacken. Den fein gehackten Bärlauch zusammen mit etwas Salz unter 150 g zimmerwarme Butter kneten. Am besten verwenden Sie dafür eine Gabel.

BÄRLAUCHQUARK
150 g Magerquark mit 150 g Vollmilchjoghurt verrühren. Darunter 1 Bund frisch gehackten Bärlauch, etwas Salz und Pfeffer rühren.

In der Küche

AROMA:
Bärlauch schmeckt frisch und erinnert an den Geschmack von Knoblauch. Sein Geruch ist ein wenig schwefelig.

VERWENDUNG:
Bärlauch findet man in vielen Rezepten aus Großmutters Zeiten. Er ist heute noch stark im alemannischen Raum, dem Schwarzwald und der deutschsprachigen Schweiz verbreitet. Bärlauch wird in der Regel fein gehackt unter Butter, Quark und Joghurt oder in Rahmsuppen gerührt. In Streifen fein geschnitten passt er gut unter einen Frühlingssalat.

WICHTIGER HINWEIS:

Falls Sie Bärlauch im Frühjahr selber pflücken wollen, dürfen Sie ihn nicht mit den Blättern von Maiglöckchen verwechseln. Diese sind hochgiftig. Die Blätter müssen einen Knoblauch ähnlichen Geruch verströmen, dann sammeln Sie das richtige Kraut.

EINKAUF/LAGERUNG:
Bärlauch finden Sie in den Monaten März bis Mai auf dem Wochenmarkt. Er kann mit feuchtem Küchenpapier umwickelt und in einen Gefrierbeutel eingepackt 1–3 Tage aufbewahrt werden.

KÜCHENTIPPS:
Bärlauch sollte nicht mitkochen, er verliert dabei sein typisches Aroma. Wenn Sie sich einen Vorrat an Bärlauch anlegen wollen, sollten Sie ihn fein hacken und mit etwas Wasser vermischt in Eiskugelbehältern einfrieren.

Alpinia galanga
Galgant

Herkunft:
Asien

Essbarer Anteil:

Verwendung:

Eigenschaft:
!

■ FAMILIE: Ingwergewächse (*Zingiberaceae*)

■ SYNONYME: Laos, Galgangawurzel, Siam-Ingwer, Thai-Ingwer

■ VERWENDUNGSFORMEN: Wurzel, frisch, getrocknet zu Pulver gemahlen oder eingelegt

■ HERKUNFT: Die Galgantpflanze ist eine aus den Tropen stammende mehrjährige Staude. Wahrscheinlich hat sie ihren Ursprung in Indonesien. Die Pflanze wird heute in Indochina, Thailand, Malaysia und Indonesien angebaut.

■ MERKMALE: Galgant ist eine ausdauernde, mehrjährige Pflanze. Sie bildet kriechende zylindrisch, meist gebogene Rhizome (Wurzeln). Charakteristische Wurzeln tragen gelblich-weiße Blattnarben, die ringförmig um die Rhizome angeordnet sind. Von den Rhizomen gehen rosa bis rötlich gefärbte Seitensprosse ab. Die Wurzeln werden bei der Ernte in 10–20 cm lange Stücke geschnitten und sind dann meist 1–2 cm dick. Der Wurzelstock enthält ätherisches Öl und Harze (Galangol, Alpinol), die den scharf-bitteren Geschmack bewirken.

▬ Verwandte Arten: Der Große Galgant ist mit dem Echten Galgant *(Alpinia officinarum)* eng verwandt. Der echte stammt vermutlich aus Südchina und ist würziger, aber bei uns kaum frisch zu finden.

▬ Mythologisches: Vor allem in seinem Ursprungsgebiet hielt man Galgant lange für ein »Zaubermittel«. Die Inhaltsstoffe sollen eine euphorisierende und aphrodisierende Wirkung haben.

▬ Anwendung in der Heilkunde: Nicht nur im asiatischen Kulturraum wusste man um die Heilkraft von Galgant. Bereits im 16. Jahrhundert schrieb der Arzt Mattioli: »Galgant aromatisiert den Atem, fördert die Verdauung und beseitigt Blähungen.« Ähnliche Erkenntnisse sind von Paracelsus überliefert. Die Benediktiner-Äbtissin Hildegard von Bingen beschreibt Galgant als herzwirksames Mittel: »Wer im Herzen Schmerzen leidet und wem von Seiten des Herzens ein Schwächeanfall droht, der esse sogleich eine hinreichende Menge Galgant, und es wird ihm besser gehen.«

Bei juckenden Hautausschlägen kann ein Breiumschlag aus Galgantpulver helfen. Galgant ist Bestandteil der Kräuterarznei »Schwedenbitter«. Als krampflösendes Heilmittel wurde er in der Notfall-Medizin bei Angina-Pectoris-Anfällen eingesetzt.

SCHON PROBIERT?

GARNELENSPIESSE IN GALGANTSAUCE

Ein etwa 2 cm langes Stück Galgant schälen und sehr fein hacken. Etwa 18 Garnelen aus der Schale lösen, kalt abspülen und trockentupfen. Jeweils 3 Garnelen auf einen Holzspieß stecken und mit etwas Zitronensaft beträufeln. 1 EL Butterschmalz in einer Pfanne zerlassen. Den Galgant mit 2 fein gehackten Chilischoten, etwas Kreuzkümmel und 2 fein geschnittenen Curryblättern anbraten. Mit 1/4 l Kokosmilch ablöschen und das Ganze etwa 10 Minuten einkochen lassen. Die Garnelenspieße in die Kokosmilch legen und die Garnelen darin bei reduzierter Hitze etwa 5 Minuten gar ziehen lassen.

In der Küche

Aroma:
Galgant erinnert im Geschmack an Ingwer, nur dass er milder ist. Er riecht nach Zitrusfrüchten und Kiefer.

Verwendung:
Galgant ist ein typisches Gewürz der fernöstlichen Küche. Er würzt Currygerichte und Eintöpfe, passt ausgezeichnet zu Geflügel und Lamm sowie zu Fisch und Meeresfrüchten.

Einkauf/Lagerung:
Die Wurzeln werden bei uns meist nur in speziellen Asialäden angeboten. Im Gemüsefach des Kühlschranks halten sich die Wurzeln gut 2–3 Wochen frisch, wenn sie in einem Gefrierbeutel eingepackt sind und so vor dem Austrocknen geschützt werden. Luftdicht verschlossen, kühl und dunkel aufbewahrt, ist das Galgantpulver über Monate haltbar.

Küchentipps:
Frischer Galgant wird wie Ingwer geschält und dann gehackt, gerieben oder in hauchdünne Scheiben geschnitten.
Die fasrige Galgantwurzel lässt sich auch trocknen. Dafür schneiden Sie die geschälte Wurzel in dünne Scheiben. Getrocknete Galgantwurzeln weichen Sie vor dem Gebrauch 1–2 Stunden in etwas Wasser ein.
Falls Sie frischen Galgant nicht bekommen können, lässt er sich durch die halbe Menge frischen Ingwer ersetzen.

Wichtiger Hinweis:
Galgant wirkt regeltreibend und kann eine frühzeitige Menstruation oder Fehlgeburt auslösen.

Apium graveolens
Sellerie

Herkunft:
Europa

Essbarer Anteil:

Verwendung:
✗ 🜛

- FAMILIE: Doldenblütler (*Apiaceae*)

- SYNONYME: Eppichsamen

- VERWENDUNGSFORMEN: Samen, ganz oder gemahlen, Blätter, Stange und Knolle

- HERKUNFT: Sellerie hat seinen Ursprung in Europa, und seine Wildform gedeiht heute noch in salz- und kalkhaltigen Feuchtgebieten.

- MERKMALE: Sellerie ist uns in der Küche eher als Knollen- oder Stangengemüse vertraut. Der Samen ist jedoch ein uraltes Gewürz, das ein bisschen in Vergessenheit geraten ist. Die Früchte sind winzig klein, von brauner Farbe mit einer hellen Rille. Die Pflanze, insbesondere die wilde Form, erinnert ein bisschen an glatte Petersilie. Die Samen sind reich an Terpenen, die für den bitteren Geschmack verantwortlich sind.

- ANWENDUNG IN DER HEILKUNDE: Selleriesamen sollen Blasenleiden beheben, und junge Sellerietriebe können die Verdauung von schwer im Magen liegenden Speisen verbessern.

In der Küche

Aroma:
Selleriesamen schmecken ähnlich wie Knollen- und Stangensellerie, nur dass sie wesentlich bitterer und schärfer sind.

Verwendung:
Selleriesamen passen vor allem zu Gemüse- und Fischgerichten. Suppen und Eintöpfe sowie Relishes und Pickles werden gerne mit Selleriesamen gewürzt. Aber auch Brote und Salzgebäck lassen sich prima mit ihnen verfeinern. Übrigens enthält Selleriesalz neben Salz ebenfalls den gemahlenen Samen und nicht nur die Blätter des Selleries.

Einkauf/Lagerung:
Selleriesamen finden sie in Gewürzläden. Selleriesamen und -pulver sollten luftdicht verschlossen, kühl und dunkel aufbewahrt werden, so behalten sie ihr Aroma am längsten.

Küchentipps:
Selleriesamen sollten vor dem Gebrauch leicht zerdrückt werden, so entfalten Sie ihr Aroma am besten.
Würzen Sie mit Selleriesamen vorsichtig, da sonst das Essen bitter schmecken kann.

Armoracia rusticana
Meerrettich

Herkunft:
Europa

Essbarer Anteil:

Verwendung:

Eigenschaft:
!

▰ FAMILIE: Kreuzblütler (*Brassicaceae*)

▰ SYNONYME: Kren, Rachenputzer, Pfefferwurzel, Meerrettig, Mährrettich, Maressig, Grä, Grien, Mirch

▰ VERWENDUNGSFORMEN: Wurzel, frisch, ganz und gerieben, als Paste, getrocknet als Pulver oder in Flocken, zu Pulver gemahlen oder eingelegt

▰ HERKUNFT: Die Heimat des Meerrettichs liegt in Ost- und Südeuropa. In den Steppen des östlichen Russlands und der Ukraine wächst noch heute die Wildform dieser Pflanze. Sie wird in ganz Europa, in Asien und in Nordamerika kultiviert. In Deutschland wird sie heute vor allem in Baden, Mittelfranken und im Spreewald angebaut. Baiersdorf in Franken lässt sich wohl als deutsche Hauptstadt des Meerrettichs bezeichnen.

▰ MERKMALE: Meerrettich ist eine bis zu 1,20 m hoch wachsende Staude. Die Meerrettichstangen, Rhizome, werden 30–40 cm lang, in Ausnahmen bis zu 60 cm, und 4–6 cm dick. Die Wurzel trägt am Ende Seitentriebe, die aber von den Meerrettichbauern in mühsamer Handarbeit entfernt werden. Im

Meerrettich 41

Laufe des Wachstums ist ein zweimaliges Ausgraben und Wiedereinsetzen der Hauptwurzel nötig. Meerrettich enthält doppelt soviel Vitamin C wie die Zitrone. Er ist außerdem reich an den Vitaminen B1, B2 und B6 und den Mineralstoffen Kalium, Magnesium und Eisen. Die ätherischen Öle sorgen für den typischen Geschmack. Über die Namensentstehung des Wortes Meerrettich gibt es geteilte Meinungen. Die einen meinen, Meerrettich leitet sich von »mehr« bzw. »großer Rettich« ab, die anderen glauben, der Name habe seinen Ursprung im alten Wort für Pferd »Mähre«. Auch die englische Bezeichnung horseradish (= »Pferderettich«) deutet auf diese Theorie hin.

■■■ VERWANDTE ARTEN: Meerrettich ist mit dem Gemüserettich und dem Radieschen verwandt. Auch der Daikon-Rettich, der vor allem in der asiatischen Küche zuhause ist, gehört in die Familie der Winterrettiche. Wasabi, manchmal auch grüner Meerrettich genannt, ist jedoch nicht mit ihnen verwandt.

■■■ MYTHOLOGISCHES: Meerrettich sagt man geheimnisvolle Kräfte nach. Er aktiviert die Lebenskräfte.

■■■ ANWENDUNG IN DER HEILKUNDE: Meerrettich stärkt die Abwehrkräfte und schützt vor Erkältungskrankheiten. Es wird ihm eine verdauungsfördernde, kreislaufanregende und blutdrucksenkende Wirkung zugeschrieben. Äußerlich angewandt hilft er gegen Rheuma, Gicht, Ischias und Insektenstiche. Auch bei Kopfschmerzen soll er helfen: ein wenig Duft des geriebenen Meerrettichs eingeatmet, löst leichte Verspannungen.

Das bayrische Familienunternehmen Schamel exportierte seit 1846 Meerrettichstangen in großen Holzfässern in alle Welt. Anfang des 20. Jahrhunderts hatte Johann Jakob Schamel erstmals die Idee, reibfrischen Meerrettich in kleinen Gläsern anzubieten und ersparte so der Hausfrau das tränenreiche Reiben der beißend-scharfen Wurzel.

In der Küche

Aroma:
Er schmeckt scharf und beißend. Frisch geriebener Meerrettich treibt einem die Tränen in die Augen, so scharf riecht er.

Verwendung:
Meerrettich ist ein typisches Gewürz der bayerischen und österreichischen Küche. Zum Tafelspitz gehört Meerrettich, aber auch zu anderen Rindfleischgerichten, deftigen Eintöpfen und Suppen passt er sehr gut.

Wichtiger Hinweis:
Das scharfe Gewürz kann Haut und Schleimhäute reizen. Bei empfindlichen Menschen kann es innerlich zu Reizungen von Magen, Darm und Nieren kommen.

Einkauf/Lagerung:
Meerrettichstangen sollen gerade gewachsen, frisch und ganz sein. Das weiße Fleisch sollte frei von grauen Streifen sein. Die Wurzel darf maximal zwei Köpfe haben und muss mindestens 180 g wiegen. Frischen Meerrettich bekommen Sie von Oktober bis März. Sie können ihn im kalten Keller oder im Kühlschrank lagern. Die restliche Jahreszeit sollten Sie auf Meerrettich aus dem Glas zurückgreifen. Meerrettichpulver und -flocken sind bei uns im Handel selten zu finden.

Küchentipps:
Meerrettichpulver und -flocken müssen mit Wasser angerührt werden. Die Würzkraft der Meerrettichstangen ist zur Erntezeit im Herbst am größten und lässt mit der Zeit nach. Beachten Sie dies beim Kochen mit frischem Meerrettich.

Artemisia dracunculus
Estragon

Herkunft:
Asien

Essbarer Anteil:

Verwendung:

■ FAMILIE: Korbblütler (*Asteraceae*)

■ SYNONYME: Französischer oder Deutscher Estragon, Echter Estragon, Schlangenkraut, Dragon, Dragun, Bertram, Kaisersalat

■ VERWENDUNGSFORMEN: Blätter und junge Triebe, frisch und getrocknet, gerebelt und gemahlen

■ HERKUNFT: Estragon hat seine Heimat vermutlich in Zentralasien, höchstwahrscheinlich in Sibirien. Schon seit dem Mittelalter ist er in Europa bekannt und wird heute auf der ganzen nördlichen Halbkugel kultiviert. Zu Handelszwecken wurde Estragon in Deutschland in hohem Maße im Raum Erfurt, Altenburg und Nürnberg angebaut.

■ MERKMALE: Estragon ist ein mehrjähriges, stark verzweigtes bis zu 1,20 m hoch wachsendes Kraut. Er hat zahlreiche, ungestielte, ganzrandige oder schwach gesägte und schwach behaarte lanzettförmige Blätter. Nur sehr selten sieht man Estragon blühen, er hat gelbe kleine Blüten, die in Rispen stehen.

ESTRAGON **45**

▬ VERWANDTE ARTEN: Der russische Estragon (*Artemisia redowskii*) ist der nächste Verwandte unseres Estragons. Er wird ebenfalls zum Würzen verwandt, ist aber flacher und herber im Geschmack und daher weniger hochwertig.

▬ MYTHOLOGISCHES: Die wörtliche Übersetzung des Wortes »dracunculus« weist auf seine mythologische Bedeutung hin. Es bedeutet soviel wie »kleiner Drache«. Die Menschen im Mittelalter waren davon überzeugt, dass man mit Estragon ein Gegenmittel gegen die Bisse von giftigen Tieren hatte.

Artemisia dracunculus

▬ **Anwendung in der Heilkunde:** Ein Tee aus den Blüten und Blättern des Estragon fördert und unterstützt die Tätigkeit der Nieren.

Schon probiert?

Cocktailtomaten in Estragonessig
1 kg Cocktailtomaten mit einem Zahnstocher rundum anstechen. 4 Knoblauchzehen abziehen. 2 l Weißweinessig in einen großen Topf geben, 3 Zweige Estragon, die Knoblauchzehen und 1 TL Pimentkörner hinzufügen. Flüssigkeit erhitzen und ca. 10 Minuten kochen lassen. Abkühlen und durch ein Sieb gießen, um den Essig von den Gewürzen zu trennen. Die Tomaten auf vier Einmachgläser verteilen (Füllmenge pro Glas etwa 1 l), jedes Glas bis ca. 2 cm unter den Rand mit Essig füllen. Gläser verschließen und im Kühlschrank aufbewahrt einige Tage ziehen lassen. An einem kühlen Ort sind die eingelegten Tomaten ca. 8 Wochen haltbar.

Fines Herbes

Wussten Sie schon, dass Estragon neben Petersilie, Schnittlauch und Kerbel ein Bestandteil der klassischen französischen Kräutermischung »Fines Herbes« ist? Diese Mischung gibt es frisch oder auch getrocknet zu kaufen. Die Kräuter sind jeweils zu gleichen Teilen in der Mischung enthalten. Die frischen Kräuter sind die bessere Wahl und würzen insbesondere Omeletts und Rührei, Sahnecremesuppen, Frischkäse, Quark und Butter.

Estragon-Senf

Estragon-Senf ist sicherlich der bekannteste aromatisierte Kräutersenf. Seinen Ursprung hat er in Frankreich. Dieser Senf ist im Geschmack sehr mild und passt ausgezeichnet zu leichten Gerichten mit feinem Geschmack wie gedünstetem Fisch und zum Dressing von leichten Blattsalaten.

Schon probiert?

Estragonessig

Zum Ansetzen von Estragonessig geben Sie etwa 5 Zweige Estragon in eine sterilisierte 0,7-l-Flasche. Weißweinessig aufkochen und in die Flasche füllen, sodass die Zweige vollständig bedeckt sind. Die Flasche mit einem Korken verschließen und bis zu 3 Wochen unter Einfluss von Sonnenlicht stehen lassen. Dann kann der Essig abgegossen werden und mit ihm können leichte Blattsalate wunderbar abgeschmeckt werden.

Estragonbutter

1 Bund Estragon waschen, trockentupfen und mit einem schweren Messer sehr fein hacken. Den fein gehackten Estragon zusammen mit etwas Salz unter 150 g zimmerwarme Butter kneten. Am besten verwenden Sie dafür eine Gabel. Diese Butter passt wunderbar zu Fischgerichten, und Reste lassen sich problemlos einfrieren. Das Aroma hält sich sehr gut im Fett der Butter.

In der Küche

Aroma:
Estragon hat ein süßlich herbes, leicht pfeffriges Aroma mit einem Hauch von Anis.

Verwendung:
Estragon gehört in viele klassischen Saucen wie die Sauce béarnaise oder die Sauce tartare. Er passt besonders gut zu leichten Geflügelgerichten, gedünstetem Fisch und einfachen Eierspeisen. In Salatdressings und Senfsaucen wird dieses Kraut ebenfalls oft verwendet.

Einkauf/Lagerung:
Frischen Estragon sollten Sie bevorzugt einkaufen, denn er ist im Aroma am intensivsten. Mit feuchtem Küchenpapier umwickelt und in einen Gefrierbeutel gepackt, hält er sich 2–3 Tage im Kühlschrank. Falls Sie auf getrockneten Estragon zurückgreifen müssen, kaufen Sie nur kleine Mengen und lagern Sie ihn dunkel und kühl in luftdichten Behältnissen.

Küchentipps:
Für Brühen bzw. Schmorgerichte können Sie die Stängel des Estragons mitkochen. Die Blätter sollten Sie nicht zu lange kochen lassen, sonst verlieren sie an Aroma.
Estragon passt auch sehr gut in selbstgemachte Remouladen. Auch Senf lässt sich gut mit ihm verfeinern.

Artemisia vulgaris
Beifuß

Herkunft:
Asien

Essbarer Anteil:

Verwendung:

FAMILIE: Korbblütler (*Asteraceae*)

SYNONYME: Gänsekraut, Mugwurz, Biboz, Bibiskraut, Beinweichkraut, Besenkraut, Jungfernkraut, Gürtelkraut, Johannisgürtel, Sonnenwendgürtel

VERWENDUNGSFORMEN: Blätter, frisch und getrocknet, gemahlen und gerebelt

HERKUNFT: Beifuß stammt ursprünglich aus der gemäßigten Zone Asiens, ist aber schon lange auch in Europa und Nordamerika zuhause. Er wird heute vor allem in den Balkanländern, Deutschland und Frankreich kultiviert.

MERKMALE: Die mehrjährige Pflanze wächst bis zu 2 m hoch. Die Stängel sind kantig, behaart und etwas bläulich-rot verfärbt. Die Blätter haben eine kräftig dunkelgrüne Oberfläche und die Unterseite ist eher weiß und filzig. Im Spätsommer blühen kleine, dunkelgelbe Blütenkörbchen. Zum Würzen nimmt man nur die Blätter aus dem oberen Drittel und nicht die unten wachsenden. Die Blätter werden vor der Blüte der Pflanze geerntet, ansonsten enthalten sie zu viele Bitterstoffe.

BEIFUSS **51**

▪ VERWANDTE ARTEN: Beifuß ist mit Wermut (*Artemisia absinthium*) eng verwandt. Beiden Arten ist gemeinsam, dass sie einen hohen Anteil an Bitterstoffen, insbesondere zur Blütezeit, haben.

▪ MYTHOLOGISCHES: Dieses Kraut galt im Mittelalter als sehr wirksames Mittel gegen und für Hexerei. Beigemischter Beifuß war Bestandteil vieler magischer Rezepturen. Besonders bei Frauenleiden soll Beifuß helfen und die Schwindsüchtigen stärken. Plinius wusste zu berichten, dass der, der weit zu marschieren hat, sich gegen Ermüdung etwas Beifuß in den Schuh legen sollte.

Ein besonderes Mittel ist der in der Johannisnacht gewonnene Beifuß. Gräbt man in der Nacht zum 24. Juni die Wurzel des

Krautes aus, werden sich dort kleine Stücke Kohle finden. Diese werden auch Thorellensteine oder Narrenkohlen genannt. Als Amulett getragen, sollen sie Fieber und Epilepsie vertreiben. Es heißt auch, dass sie vor Verbrennungen, Pest und Blitzschlag bewahren.

Die Germanen trugen am Johannistag frisch gesammelten Beifuß zu einem Gürtel geflochten um den Leib als Schutz vor Erkrankungen im Lendenbereich. Daher stammen volkstümliche Namen wie Johannisgürtel, Sonnenwendgürtel oder Gürtelkraut.

ANWENDUNG IN DER HEILKUNDE: Beifuß hat eine magenstärkende, krampfstillende und harntreibende Wirkung. Antibakteriell und fungizid wirkt er ebenfalls. Das Kraut ist verdauungsfördernd und daher bestens als Gewürz für fetthaltige Rezepte geeignet.

SCHON PROBIERT?

AAL IM KNUSPERMANTEL

Einen etwa 1 kg schweren Aal vom Fischhändler häuten, ausnehmen, in etwa 8 cm lange Stücke schneiden lassen. Die Aalstücke waschen und gut abtupfen. Den Aal mit Selleriesalz und Pfeffer würzen. Einige Zweige Beifuß, Dill und glatte Petersilie waschen und sehr fein hacken. 2 Eigelbe, Salz, Pfeffer und 150 g Mehl verrühren; etwa 1/8 l helles Bier dazugeben, sodass ein dickflüssiger Teig entsteht. Die 2 Eiweiße steif schlagen und unter den Teig heben. Aalstücke in der Kräutermischung wälzen, in den Teig tauchen und abgetropft in der Fritteuse etwa 5 Minuten knusprig goldgelb backen.

In der Küche

Aroma:
Beifuß schmeckt leicht bitter und herb. Im Geruch erinnert er an eine Mischung aus Minze und Wacholder.

Verwendung:
Beifuß passt zu fetten Braten, wie Gans, Ente, Schwein und Lamm. Er macht Kohlgerichte besser verdaulich und würzt fettige Aalgerichte. In der ostpreußischen Küche wurde auch Karpfen oft mit Beifuß gewürzt.

Einkauf/Lagerung:
Beifuß gibt es hauptsächlich getrocknet zu kaufen; er ist dunkel, trocken und luftdicht zu lagern. Frischen Beifuß bekommen Sie nur in den Spätsommermonaten auf dem Wochenmarkt. Im Gefrierbeutel verpackt und im Gemüsefach des Kühlschranks gelagert, hält er sich dort 2–3 Tage frisch.

Küchentipps:
Beifuß sollten Sie immer mitgaren, denn erst durch die Zufuhr von Hitze entfaltet er sein Aroma.
Frischen Beifuß können Sie auch kleingehackt einfrieren.
Beifuß ist ein Einzelgänger. Er harmoniert nicht mit anderen Gewürzen, da sein leicht bitterer Geschmack die anderen Aromen dominiert.

Bixa orellana
Annatto

Herkunft:
Amerika

Essbarer Anteil:

Verwendung:

▬ FAMILIE: Annattogewächse (*Bixaceae*)

▬ SYNONYME: Anattosamen, Orleanssamen

▬ VERWENDUNGSFORMEN: Samen, getrocknet, ganz und gemahlen

▬ HERKUNFT: Die Heimat des Orleansstrauches ist Südamerika. Heute ist er in der Karibik, in Mexiko und auf den Philippinien verbreitet.

▬ MERKMALE: Der Strauch wird bis 2 m hoch. Seine rosafarbenen Blüten erinnern an Rosen. Die Samen sind in einer herzförmigen Schote enthalten, die Stacheln hat und daher an die äußere Schale von Esskastanien erinnert.

In der Küche

Aroma:
Annatto hat einen schwachen, blumigen Geruch. Der Geschmack von frischen Annattosamen ist pfeffrig, verliert aber nach dem Trocknen sehr schnell an Aroma.

Verwendung:
Annatto wird hauptsächlich in der karibischen und lateinamerikanischen Küche eingesetzt. Neben dem Würzen färbt er die Lebensmittel orangerot. Der britische Cheddar wird ebenfalls mit Annatto gefärbt.

Einkauf/Lagerung:
Annatto erhalten Sie nur im Gewürzladen. Die Samen können in einem luftdicht verschlossenen Behälter trocken und dunkel nahezu unbegrenzt aufbewahrt werden. Die Samen sollten ziegelrot und nicht bräunlich sein.

Küchentipps:
Am besten verarbeitet man die Samen zu Öl weiter. Dafür können Sie Samen in etwas Öl unter Rühren erhitzen. Wenn das Öl orangefarben ist, lassen Sie es auskühlen und trennen den Samen vom Öl. Das Öl, in einer dunklen Flasche aufbewahrt, ist dann bis zum Mindesthaltbarkeitsdatum des Öls haltbar.

Capparis spinosa
Kaper

Herkunft:
Europa

Essbarer Anteil:
❀

Verwendung:
✕ ♙

■ FAMILIE: Kaperngewächse (*Capparaceae*)

■ SYNONYME: keine bekannt

■ VERWENDUNGSFORMEN: Blütenknospe, frisch, in Salzlake, Öl oder Essigguss

■ HERKUNFT: Der Kapernstrauch ist in der gesamten Mittelmeerregion zuhause und war schon den alten Ägyptern bekannt. Die besten Kapern kommen aus Marseille, Nizza und von den Liparischen Inseln nördlich von Sizilien.

■ MERKMALE: Der dornige Kapernstrauch wird etwa 1 m hoch. Die Blätter sind rundlich, glatt und ein wenig zugespitzt. Die Blüte ist weiß-rosafarben und hat auffallend lange purpurfarbene Staubbeutel. Er wächst oft wild und ist bezüglich Bodenqualität und Wasser sehr genügsam. In großen Plantagen wird der Kapernstrauch heute vor allem in der Türkei, in Marokko, bei Murcia in Spanien und auf Mallorca kultiviert. Geerntet werden die unreifen, noch geschlossenen Blütenknospen. Die Blütenknospen lässt man leicht welken und legt sie in Öl oder Salzwasser, in Essig oder in eine Mixtur aus Essig und Salz ein.

■ VERWANDTE ARTEN: In Notzeiten wurden die Blütenknospen der Sumpfdotterblume (*Caltha palustris*) oder der Kapuzinerkresse (*Tropaeolum majus*) als Kapernersatz verwendet. Sie sind zwar botanisch nicht miteinander verwandt, haben aber ähnliche Inhaltsstoffe, die den Geschmack der echten Kapern imitieren.

■ ANWENDUNG IN DER HEILKUNDE: Schon die alten Griechen kannten die positive Wirkung der Kapern auf das körperliche Befinden. Sie sind appetitanregend, verdauungsfördernd und magenstärkend. Sie helfen gegen Husten und äußerlich angewendet bei Augeninfektionen, und sogar Milzerkrankungen sollen durch Kapern geheilt werden.

Cornichon de câpres

Seltener kommen Kapernfrüchte, Kapernbeeren oder auch Kapernäpfel genannt (auf Französisch »cornichon de câpres«, wörtlich übersetzt »Kaperngurke«), auf gleiche Art konserviert in den Handel. Ihr Geschmack ist sehr intensiv. Sie lassen sich von der Kaper besonders gut dadurch unterscheiden, dass an der Frucht immer ein Stiel hängt. Ideal zu Antipasti!

Kapern sind in Qualitätsklassen eingeteilt:
Gruesas (über 13 mm), Fines (11–13 mm), Capottes (9–11 mm), Capucines (8–9 mm), Surfines (7–8 mm), Nonpareilles (die kleinsten Kapern sind die wertvollsten und haben einen Durchmesser von unter 7 mm).

Schon probiert?

Tatarsauce mit Kapern

2 Eier hart kochen, abschrecken, pellen und fein würfeln. 300 g Mayonnaise in eine Schüssel geben. 4 Sardellenfilets kalt abspülen und trockentupfen: Zusammen mit 4 EL Kapern fein hacken. Dieses zusammen mit den Eiern und etwa 8 EL fein gehackter Kräuter (z. B. glatte Petersilie, Schnittlauch, Estragon, Kerbel und Dill) unter die Mayonnaise rühren. Die Tatarsauce mit Salz, Pfeffer, Zucker, etwas Zitronensaft und einigen Spritzern Worcestersauce abschmecken.

In der Küche

Aroma:
Der Geruch von Kapern ist leicht würzig und durch die Lake säuerlich, der Geschmack leicht herb und scharf.

Verwendung:
Königsberger Klopse ist der deutsche Klassiker, in dem Kapern nicht fehlen dürfen. Sie werden in Saucen und Remouladen ebenso wie bei Tatar und Salaten eingesetzt. In der italienischen Küche würzen sie oft Kalbfleischgerichte, z. B. das berühmte Vitello tonnato.

Einkauf/Lagerung:
Kapern finden Sie in jedem gut sortierten Supermarkt. Sie halten sich in luftdicht verschlossenen Gläsern, mit Lake bedeckt, mindestens 1 Jahr. Qualität und Preis richten sich nach der Größe: je kleiner die Kaper, desto milder ist sie, und um so höher ist ihre Wertschätzung und ihr Preis.

Küchentipps:
Wenn Sie ein Glas mit Kapern öffnen, dies jedoch nicht ganz aufbrauchen, so geben Sie vor dem Schließen etwas Olivenöl hinein. Dadurch wird verhindert, dass die Kapern zu schimmeln beginnen und es verlängert entsprechend die Haltbarkeit.

Kapern erst immer kurz vor Ende der Garzeit zum Gericht geben, sie verlieren bei längeren Kochzeiten ihr Aroma.

Capsicum
Chili

Herkunft:
Amerika

Essbarer Anteil:

Verwendung:
✕ ♠

Eigenschaft:
!

▬ FAMILIE: Nachtschattengewächse (*Solanaceae*)

▬ SYNONYME: Chilli, Chile, Peperoni, Pfefferoni, Peperoncini, Pfefferschote

▬ VERWENDUNGSFORMEN: Frucht, frisch und getrocknet sowie zerstoßen und gemahlen

▬ HERKUNFT: Alle Chiliarten und damit auch der Paprika stammen von einer Ursprungsart ab, dem sogenannten Bird-Pepper, auch Tepin-Chilis genannt. Dabei handelt es sich um eine erbsengroße Wildform. Ursprünglich aus Mittel und Südamerika, findet man Chilipflanzen heute kultiviert fast überall.

▬ MERKMALE: Je nach Sorte sind die Früchte rund oder laufen spitz zu. Es gibt Chilischoten in den Farben grün, gelb und rot. Für alle gilt: grün ist der unreife Zustand, und über die Farben gelb und orange werden die Früchte langsam rot. Zum Essen und zum Würzen kann man aber auch schon die grünen Früchte einsetzen. Ferner ist allen gemeinsam, dass sie einen mehr oder weniger hohen Gehalt an Capsaicin, Vitamin C und Provitamin A enthalten.

Chili **61**

▰ Verwandte Arten: Die Urmutter ist *Capsicum tepin*, von ihr stammen alle Chilischoten, Gewürzpaprika und Gemüsepaprika ab.

▰ Anwendung in der Heilkunde: Schon die Indianer verwendeten Chili als Heilmittel. Chili regt den Kreislauf an und wirkt bakterizid sowie in hohen Mengen schweißtreibend.

Wussten Sie ...

Es gibt hundert verschiedener Sorten von Chilis. Sie lassen sich in fünf Arten einteilen.

Capsicum annuum: Zu dieser Art gehören die meisten bekannten Sorten, wie z. B. Gemüse- und Gewürzpaprika, Peperoni und Peperoncini. Charakteristisch ist, dass aus den Verzweigungsstellen der bis zu 1,50 m hohen Pflanzen jeweils nur eine nach unten hängende Blüte wächst. Die meisten Sorten gehören der Art *Capsicum annuum* an, wie z. B. Jalapeño-Chili, New Mexican und Ornamental Piquin.

Capsicum frutescens: Diese können pro Verzweigungspunkt 1–2, ganz selten bis zu 4 aufrecht stehende Blüten erzeugen. Auch die spätere Frucht steht aufrecht. In diese Gruppe gehören die sehr scharfen Wildformen wie z. B. Tabasco oder auch die Vogelaugenchilis, aus denen Cayennepfeffer hergestellt wird.

Capsicum pubescens: Hierbei handelt es sich um die einzige bedingt frostfeste Sorte (bis -5° C). Auffallend sind die behaarten Blätter. Außerdem sind die Blüten violett und die Samen meist schwarz. Die bekanntesten Sorten sind die Rocoto und die Manzano.

Capsicum chinense: Diese großblättrige Variante trägt an den Verzweigungsstellen 2–5 Blüten. Habañero und Scotch Bonnet sind die bekanntesten Vertreter dieser Gruppe. Typisch ist die ringförmige Verdickung des Kelches.

Capsicum baccatum: Diese Sorte ist ebenfalls großblättrig und trägt pro Verzweigungspunkt eine Blüte. Sie ist kältefest bis 0°C und beherbergt ausschließlich sehr scharfe Sorten.

Die Schärfste unter den Scharfen ist die Red Seviña, eine Habañero-Spezialzüchtung.

In der Küche

Aroma:
Je nach Sorte sind Chilis feurig bis würzig scharf.

Verwendung:
Chili und Chilipulver sind in der asiatischen Küche, besonders in thailändischen Gerichten, beliebt, sie geben der lateinamerikanischen, mexikanischen, karibischen sowie der Südstaaten-Küche die richtige Schärfe.

Einkauf/Lagerung:
Chilis bekommen Sie im gut sortierten Supermarkt frisch oder auch im Glas eingelegt. Für Chilipulver oder getrocknete Schoten muss oft das Gewürzhaus aufgesucht werden, je nachdem wie ausgefallen Ihr Wunsch ist. Frische Chilis halten sich mehrere Wochen im Gemüsefach des Kühlschranks. Auch die getrockneten Schoten bleiben mehrere Jahre aromatisch, wenn man sie trocken und dunkel lagert.

Küchentipps:
Getrocknete Chilis sind schärfer als frische Schoten. Je kleiner die Sorte, desto schärfer sind sie vom Geschmack. Die unscheinbaren Kerne sind entscheidend für die Schärfe. Falls Sie es nicht so scharf haben wollen, entfernen Sie die Kerne und auch die Scheidewände.

Wichtiger Hinweis:

Bei offenen Wunden im Rachenraum, der Speiseröhre und dem Magen-Darm-Trakt sollte Chili nicht gegessen werden. Kleinste Wunden, die mit Chili in Berührung kommen, lassen sie höllisch scharf brennen. Tragen Sie beim Putzen und Hacken von Chili am besten Handschuhe oder waschen Sie sich nach dem Kochen gründlich die Hände.

Capsicum annuum
Paprika

Herkunft:
Amerika

Essbarer Anteil:

Verwendung:

▬ FAMILIE: Nachtschattengewächse (*Solanaceae*)

▬ SYNONYME: Gewürzpaprika, Spanischer Paprika, Ungarischer Paprika, Indischer Paprika, Türkischer Paprika, Roter Pfeffer, Beißbeere

▬ VERWENDUNGSFORMEN: Frucht mit Samen, getrocknet und gemahlen

▬ HERKUNFT: Die Paprikapflanze brachte Kolumbus von seiner Entdeckungsreise aus Amerika mit. Sie wird heute vorwiegend im Balkan, in Ungarn, den baskischen Landesteilen von Spanien und Frankreich sowie in Süd- und Mittelamerika angebaut.

▬ MERKMALE: Paprika ist eine einjährige Pflanze, die bis zu 60 cm hoch wird. Sie hat breite, kräftig grüne Blätter und gelblichgrüne Blüten. Die schmalen und 10 cm langen Schoten laufen spitz zu und sind von leuchtend roter Farbe. Es gibt über 30 Paprikasorten, milde und scharfe, wildwachsende und kultivierte, die sich deutlich voneinander unterscheiden.

■ VERWANDTE ARTEN: Der Gewürzpaprika ist sehr eng mit dem Gemüsepaprika verwandt. Aber auch die Chilischoten gehören zu seiner unmittelbaren Verwandtschaft.

■ MYTHOLOGISCHES: »Süß wie die Sünde und scharf wie der Teufel« wird dem Genuss von Gewürzpaprika nachgesagt. Der Ruf für seine durchaus belebende Wirkung sorgte für eine rasche Verbreitung in der Alten Welt – von Spanien aus eroberte das Gewürz den Balkan, Nordafrika und sogar Indien.

■ ANWENDUNG IN DER HEILKUNDE: Paprika ist reich an Vitamin C und Carotinoiden. Paprika ist appetitanregend, stärkt den Blutkreislauf, schützt die Gefäße und wirkt Blutgerinnseln entgegen. Er fördert die Bildung von Magensaft und wirkt außerdem keimtötend. Hoch dosiert hat er durchaus eine schweißtreibende Wirkung.

WUSSTEN SIE ...

Die geernteten Gewürzpaprikaschoten werden getrocknet und dann zermahlen. Die reifen Schoten haben wenig Fruchtfleisch und Saft, sie tragen innen an den Scheidewänden Samen. Wände und Samen sind besonders reich an Capsaicin. Je mehr von diesen beiden Bestandteilen mitvermahlen wird, desto schärfer wird das Paprikapulver. Durch dosierte Samenzusätze wird die Schärfe reguliert. Paprikapulver lässt sich in fünf Geschmacks- und Qualitätsstufen und deren Schärfegehalt unterscheiden:

Delikatess-Paprika: Er besteht aus den besten Paprikafrüchten, würzt ganz mild aromatisch und gibt den Speisen eine appetitliche, hellrote Farbe. Für Menschen, die ihre Speisen nicht so scharf mögen oder vertragen, ist diese Sorte die richtige Wahl. In der Industrie wird er auch zum Färben von Tomatenmark und Tomatenketchup eingesetzt.

Edelsüß-Paprika: Er ist das gebräuchlichste Paprikagewürz. Er schmeckt sehr würzig mit einer milden Schärfe und färbt die Speisen dunkelrot.

Halbsüß-Paprika: Er hat schon eine bedeutend schärfere Würzkraft und ist deshalb besonders für kräftige Fleischgerichte wie Hammelbraten und Ungarisches Gulasch geeignet.

Rosen-Paprika: Er ist der schärfste, den man bei uns kaufen kann. In der ungarischen und Wiener Küche wird Rosen-Paprika am meisten verwendet. Er würzt brennend-scharf und färbt die Speisen stark rot.

Scharf-Paprika: Sein Geschmack ist durchdringend und beißend scharf. Er wird aus minder guten Früchten und Zusätzen von Samen und Scheidewänden hergestellt, sodass er bei uns gar nicht erst in den Handel kommt.

In der Küche

Aroma:
Je nach Qualitätsstufe schmeckt er von mild-aromatisch bis sehr scharf.

Verwendung:
Paprika darf man wohl als ungarisches Nationalgewürz bezeichnen. Paprikaschnitzel, Szegediner Gulasch, Serbisches Reisfleisch und Hühnerpaprika sind die Klassiker aus der Zeit der K&K-Monarchie, die ohne Paprika nicht hätten berühmt werden können. Er passt zu Rind, Schwein, Lamm und Geflügel. Auch viele Fischgerichte brauchen Paprika, und Suppen, Eierspeisen und Käsegerichte sowie Salate verlangen nach diesem Gewürz.

Einkauf/Lagerung:
Paprika finden Sie in jedem Lebensmittelgeschäft. Es sind vier verschiedene Qualitätsstufen im Handel. Lagern Sie Paprika kühl, dunkel und luftdicht verschlossen. Nach 1 Jahr verliert er an Aroma, wird braun und schmeckt schal.

Küchentipps:
Paprika niemals in siedendes Fett geben, da sonst der im Paprika enthaltene Zucker karamellisiert. Mit den schärferen Sorten wird das Gericht erst am Ende der Garzeit gewürzt. Je süßlicher und milder der Paprika ist, desto früher darf er in den Topf und dann auch in größeren Mengen.

Capsicum frutescens
Cayennepfeffer

Herkunft:
Amerika

Essbarer Anteil:

Verwendung:
✕ 🜊

Eigenschaft:
❗

▬ FAMILIE: Nachtschattengewächse (*Solanaceae*)

▬ SYNONYME: Spanischer Pfeffer, Kolumbianischer Pfeffer, Guineapfeffer, Teufelspfeffer

▬ VERWENDUNGSFORMEN: Frucht mit Samen, getrocknet und gemahlen

▬ HERKUNFT: Cayennepfeffer wird aus den Früchten der Vogelaugenchilis gewonnen. Seinen Ursprung hat die Pflanze in Süd- und Mittelamerika. Heute finden wir ihn in allen tropischen Regionen der Erde.

▬ MERKMALE: Die Pflanze der Vogelaugenchili trägt etwa 2 cm lange und dünne, spitz zulaufende zylindrische, orangefarbene bis rote Früchte. Die Beeren werden nach dem Pflücken getrocknet und dann fein gemahlen. Cayennepulver hat im Gegensatz zu Paprikapulver einen wesentlich höheren Anteil an Capsaicin. Dieser Inhaltsstoff ist verantwortlich für die Schärfe des Gewürzes.

CAYENNEPFEFFER 69

■ VERWANDTE ARTEN: Der Cayennepfeffer ist sehr eng mit dem Gewürzpaprika verwandt. Aber auch Chilischoten gehören zu seiner unmittelbaren Verwandtschaft.

■ ANWENDUNG IN DER HEILKUNDE: Cayennepfeffer ist reich an Vitamin C und Provitamin A. Er regt den Blutkreislauf an und beugt Erkältungen vor.

70 Capsicum frutescens

Wussten Sie …

Der Cayennepfeffer hat seinen Namen wahrscheinlich von der Hafenstadt Cayenne in Guayana. Es ist die Hafenstadt der Teufelsinseln, welche einst eine berüchtigte Strafinsel hatte. Einen wichtigen Exporthafen, insbesondere für Cayennepfeffer, gab es jedoch in dieser Stadt noch nie.

Schon probiert?

Kreolischer Garneleneintopf

500 g Garnelen schälen, das Fleisch herauslösen, unter kaltem Wasser abspülen und trockentupfen. 400 g Hähnchenbrustfilets in mundgerechte Stücke schneiden. 2 Zwiebeln und 2 Knoblauchzehen schälen und fein hacken. 1 grüne Paprika waschen, halbieren, den Stielansatz, die weißen Trennwände sowie die Kerne entfernen und das Fruchtfleisch in kleine Würfel schneiden. 4 Stangen Sellerie waschen, putzen und ebenfalls klein würfeln. Die Tomaten aus 1 großen Dose klein schneiden und mit dem Saft beiseite stellen. Etwa 4 EL Sojaöl erhitzen, die Garnelen bei mittlerer Hitze von allen Seiten anbraten. Salzen und mit Cayennepfefer würzen. Dann herausnehmen und beiseite stellen.

Nun das Hähnchenfleisch in das heiße Öl geben, mit etwas Cayennepfeffer, Salz und Kreuzkümmelpulver würzen und anbraten, Zwiebeln und Knoblauch dazugeben und andünsten.

Das restliche Gemüse hineingeben und alles mit Salz, Pfeffer und Thymian würzen. Die Dosentomaten mit dem Saft dazugeben und den Eintopf offen etwa 10 Minuten kochen lassen. 1 l Hühnerbrühe erhitzen und zusammen mit etwa 200 g Reis in den Eintopf geben. Alles etwa 20 Minuten köcheln lassen. Wenn der Reis gar ist, die Garnelen im Eintopf erwärmen. Nochmals abschmecken und heiß servieren.

In der Küche

Aroma:
Cayennepfeffer ist etwa zwanzigmal schärfer als Paprika. Er schmeckt eher brennend als würzig-scharf.

Verwendung:
Cayennepfeffer ist vorwiegend das Gewürz der südamerikanischen und kreolischen Küche, aber auch in vielen indischen und asiatischen Gerichten findet er Verwendung. Cayennepfeffer würzt kräftige Eintöpfe, Suppen und Schmorgerichte. Er passt zu Fisch und Meeresfrüchten, Eier- und Reisgerichten.

Einkauf/Lagerung:
Cayennepfeffer ist in jedem gut sortiertem Lebensmittelladen erhältlich. Kühl, dunkel und luftdicht verschlossen, hält er etwa ein dreiviertel Jahr sein volles Aroma.

Küchentipps:
Dosieren Sie Cayennepfeffer immer äußerst vorsichtig, sonst dominiert er das Gericht zu sehr.

Haben Sie das Essen einmal mit Cayennepfeffer überwürzt, können Sie es eventuell noch retten, indem Sie eine rohe Kartoffel hineinreiben oder Paniermehl unterrühren.

Mit Wasser lässt sich das Brennen im Hals nicht löschen – im Gegenteil: die Schärfe verteilt sich noch besser im Rachenraum. Trinken Sie am besten einen Joghurt-Shake.

Wichtiger Hinweis:
Bei offenen Wunden im Rachenraum, der Speiseröhre und dem Magen-Darm-Trakt sollte Cayennepfeffer nicht verwendet werden. Er brennt höllisch scharf und führt zu kaum erträglichen Schmerzen.

Carum carvi
Kümmel

Herkunft:
Europa

Essbarer Anteil:

Verwendung:

▬ FAMILIE: Doldenblütler (*Apiaceae*)

▬ SYNONYME: Feld- und Wiesenkümmel, Kümmich, Karbei

▬ VERWENDUNGSFORMEN: Samen, getrocknet, ganz und gemahlen

▬ HERKUNFT: Kümmel zählt zu den ältesten europäischen Gewürzen. Schon in der Jungsteinzeit wurde das Essen mit Kümmel gewürzt. Er wächst wild in ganz Europa, Nordafrika, Vorderasien und Indien. Heute wird er vor allem in den Niederlanden, Polen und Ungarn kultiviert.

▬ MERKMALE: Kümmel ist eine zweijährige Pflanze. Im ersten Jahr erinnert sie im Aussehen an eine Rübe, im zweiten Jahr wächst sie bis zu 1 m hoch und blüht in weißen Dolden. Aus diesen Blüten bilden sich die Samen, die dann geschnitten, gedroschen und getrocknet werden. Kümmel hat einen hohen Anteil an den ätherischen Ölen Carvon und Limonen, die den typischen Geschmack erzeugen.

▬ VERWANDTE ARTEN: Kümmel ist mit dem Kreuzkümmel eng verwandt. Oft kann man lesen, dass der Wald- und Wiesenkümmel das Gewürz des Nordens sei und der Kreuzkümmel die Würze des Südens. Grob ist diese Einteilung in Ordnung, aber Ausnahmen verstoßen gegen diese Regel. Denn Kümmel wird auch sehr viel in der indischen Küche eingesetzt.

▬ MYTHOLOGISCHES: Die Menschen des Mittelalters glaubten, dass Kümmel böse Geister und Dämonen vertreiben könne.

ANWENDUNG IN DER HEILKUNDE: Kümmel ist ein altbekanntes Hausmittel. Er fördert die Verdauung und ist wirkungsvoll in der Anwendung gegen Blähungen. Das Mischungsverhältnis ist 2 Teelöffel Kümmel auf 1 Tasse Wasser. Den Kümmel mit heißem Wasser übergießen, zugedeckt etwa 5 Minuten ziehen lassen, abseihen. 2–3 Tassen täglich nach dem Essen trinken. Stillende kann ein Tee aus gleichen Teilen Kümmel, Fenchel, Anis und getrockneter Brennnessel bei der Milchbildung unterstützen.

WUSSTEN SIE …
In Norddeutschland kennt man einen Schnaps namens Kümmel. Er wird zwar aus Getreide gebrannt, ihm wird aber das ätherische Öl des Kümmelsamens zugesetzt.

In der Küche

Aroma:
Kümmel schmeckt würzig aromatisch und leicht brennend nach Zitrone. Sein Geruch ist kräftig aromatisch.

Verwendung:
Kümmel ist ein Einzelgänger und verträgt nur sehr selten die Gesellschaft von anderen Gewürzen. Er würzt Kohlgerichte wie Sauerkraut, Wirsing- und Weißkohleintöpfe sowie Kohlrouladen. Er passt zu herzhaften Schmorgerichten, wie Lamm, Schwein und Gans, und zu Blechkartoffeln und Bratkartoffeln. Brot, pikantes Gebäck und auch Lebkuchen werden mit Kümmel gewürzt.

Einkauf/Lagerung:
Den Samen gibt es ganz oder gemahlen in fast jedem Lebensmittelgeschäft zu kaufen. Er sollte luftdicht verschlossen, trocken und dunkel aufbewahrt werden. Kümmel verliert nur sehr langsam an Aroma und kann bei sachgemäßer Lagerung über einen langen Zeitraum genutzt werden.

Küchentipps:
Die jungen Blätter des Kümmels kann man ebenfalls essen. Fein gehackt passen sie in kräftige Salate. Nicht nur im Aussehen, auch im Geschmack erinnern sie etwas an Petersilie. Ganzen Kümmelsamen sollten Sie im Mörser zerstoßen, so entfaltet er erst sein volles Aroma.

Cinnamomum aromaticum
Kassia

Herkunft:
Asien

Essbarer Anteil:

Verwendung:

▬ FAMILIE: Lorbeergewächse (*Lauraceae*)

▬ SYNONYME: Chinesischer Zimt, China-Zimt, Zimtkassia, Gemeiner Zimt

▬ VERWENDUNGSFORMEN: Getrocknete Innenrinde, in Stücke zerteilt oder gemahlen

▬ HERKUNFT: Kassia stammt aus Südchina. Er wird heute auch in Indonesien, Vietnam und Japan angebaut.

▬ MERKMALE: Die Kassiabäume werden heute in Plantagen gehalten, und die Innenrinde wird ähnlich wie beim Zimtbaum behandelt. Beim Trocknen rollen sich die Rinden des Kassiabaums nur von einer Seite auf, sie sind dunkler in der Farbe und wesentlich dicker. In der Regel wird er gemahlen angeboten und lässt sich dann nur noch schwer vom Zimt unterscheiden.

▬ ANWENDUNG IN DER HEILKUNDE: Auch in der chinesischen Gesundheitslehre spielt Kassia als appetitanregendes und darmförderndes Mittel eine große Rolle. Die antibakteriellen und fungiziden Eigenschaften des Gewürzes waren bekannt.

In der Küche

Aroma:
Kassia ist hocharomatisch und etwas bitter im Geschmack. Er sollte daher etwas sparsamer als Ceylon-Zimt verwendet werden.

Verwendung:
Kassia kann in der Küche ähnlich wie Zimt eingesetzt werden. Er passt gut zu säuerlichem Obst wie Rhabarber, Pflaumen und Äpfeln. Mit ihm lassen sich aber auch Fleisch- und Wildgerichte würzen.

Einkauf/Lagerung:
Kassia, ob als Stange oder Pulver, sollte dunkel, luftdicht und trocken gelagert werden. Unbewusst haben Sie sicherlich schon mal Kassiapulver gekauft, denn er kommt ebenfalls unter dem Namen Zimt in den Handel. Die Stangen erhalten Sie nur im Gewürzladen.

Küchentipps:
Kassia ist Bestandteil der chinesischen Fünfgewürzmischung und vertritt den Zimt klassischerweise in der asiatischen Küche.
Kassiapulver sollte etwas sparsamer eingesetzt werden, da er schnell bitter schmeckt. Er darf nicht mit zu heißem Öl in Berührung kommen, denn er verbrennt leicht.

Cinnamomum verum
Zimt

Herkunft:
Asien

Essbarer Anteil:

Verwendung:

Eigenschaft:
!

▬ FAMILIE: Lorbeergewächse (*Lauraceae*)

▬ SYNONYME: Ceylon-Zimt, Echter Zimt

▬ VERWENDUNGSFORMEN: Getrocknete Innenrinde, in Stücke zerteilt oder gemahlen

▬ HERKUNFT: Zimt stammt aus Ceylon, dem heutigen Sri Lanka. Mittlerweile wird er auch in Indonesien, Madagaskar, auf den Kleinen Antillen und Mittelamerika angebaut.

▬ MERKMALE: Die Zimtbäume werden heute in Plantagen gehalten. In der freien Natur wird der Zimtbaum bis zu 20 m groß, in Kultur werden die Bäume kurz gehalten, damit man die bis zu 2 m langen Schößlinge alle 1–2 Jahren leicht abschneiden kann. Aus ihnen werden die Zimtstangen gewonnen, indem ihnen die Rinde abgezogen wird. Diese bündelt man und fermentiert sie unter Matten für 1–2 Tage. Danach werden die äußere und die innere Rindenschicht entfernt, die verbleibende, gereinigte Rinde trocknet an der Sonne. Dabei rollt sich die Rinde ein. Mehrere dieser Stücke werden ineinander geschoben und bilden eine Zimtstange. Die beste Qualität sieht hell aus und

macht den Eindruck von aufgerolltem, trockenem Papier. Denn je dünner die Rindenstücke, desto feiner ist der Geschmack.

▬ VERWANDTE ARTEN: Es gibt etwa 275 verschiedene Arten von Zimtbäumen, von denen mindestens fünf zur Zimtgewinnung herangezogen werden. Neben dem Ceylon-Zimtbaum ist der Padang-Zimtbaum (*Cinnamomum burmanii*) und der Kassia-Zimtbaum (*Cinnamomum aromaticum*) als Gewürz im Einsatz.

▰ MYTHOLOGISCHES:

Die Herkunft des Zimtes hat auch die Fantasie der Geschichtenerzähler in »Tausend und einer Nacht« beschäftigt. So wurde erzählt, dass der Zimt auf dem Grund eines geheimnisvollen Sees wachse. Oder ein anderes Märchen besagt, dass der Zimt von den Zimtvögeln komme. Diese horten das Gewürz in ihren Nestern. Um an die kostbaren Zimtstangen zu gelangen, müssen die hoch in den Bäumen angelegten Nester mit Pfeil und Bogen abgeschossen werden.

▰ ANWENDUNG IN DER HEILKUNDE:

Hippokrates hob schon um 500 v. Chr. die medizinische Bedeutung von Zimt hervor. Zimtrindenöl wirkt stark antiseptisch. Es durchwärmt und durchblutet den ganzen Körper und regt Herz und Kreislauf an.

WUSSTEN SIE ...

Um die Qualität von Zimt zu bestimmen, gibt eine eigene Wertmaß-Einheit »Ekelle«. Der beste Zimt wird mit den Ziffern 00000 bewertet. Je weniger Nullen, desto geringer die Qualität.
Industriell wird Zimt in der Parfümerie- und Seifenproduktion eingesetzt. Bei der Herstellung von Likör und Magenbitter sowie von magenstärkenden und verdauungsanregenden Arzneien ist er heute ebenfalls noch ein wichtiger Bestandteil.

In der Küche

Aroma:
Zimt ist hocharomatisch, fein und süßlich, aber zugleich auch bitter im Geschmack.

Verwendung:
Zimt ist äußerst vielseitig einsetzbar. In Deutschland würzt er klassisch den Milchreis und findet weitreichende Verwendung in Süßspeisen, Gebäck, Kuchen, Schokoladengetränken, Fruchtsaft, Glühwein, Tee und Honig. In der orientalischen Küche würzt er Fleisch- und Fischgerichte, wird für Pilaws und Currys verwendet. Das Zimtöl ist in colaähnlichen Getränken, Limonaden und Kaugummis enthalten.

Einkauf/Lagerung:
Zimtpulver, aus gebrochenen Stangen vermahlen, ist preiswerter als die Stangen, daher ist das Angebot an Pulver größer. Sowohl die Zimtstangen wie auch das Pulver sollten dunkel, luftdicht und trocken aufbewahrt werden.

Küchentipps:
Zimt ist der wichtigste Bestandteil von Lebkuchengewürz, das neben ihm Koriander, Anis, Sternanis, Nelke, Orangen- und Zitronenschale sowie Kardamom, Muskatnuss, Macis und Piment enthält. Glühweingewürz besteht aus Zimtstange, Sternanis, Nelke und Kardamom.

Wichtiger Hinweis:
Zimtöl, aus der Rinde hergestellt, kann hautreizend wirken. Für Bäder und Massagen eignet sich deshalb das mildere Zimtblätteröl, das entspannende und entkrampfende Wirkungen besitzt. Es ist ein gutes Mittel bei Magen-Darm-Beschwerden oder Verspannungen der Muskulatur.

Citrus hystrix
Kaffirlimetten

Herkunft:
Asien

Essbarer Anteil:

Verwendung:

▬ FAMILIE: Rautengewächse (*Rutaceae*)

▬ SYNONYME: Indische Zitronenblätter, Indonesische Zitronenblätter, Kaffirzitrone, Kaffernlimette

▬ VERWENDUNGSFORMEN: Blätter, frisch und getrocknet, Früchte, insbesondere die Schale

▬ HERKUNFT: Der Kaffirlimettenbaum stammt aus Südostasien. Er ist weit verbreitet in Thailand und in Indonesien.

▬ MERKMALE: Der Kaffirlimettenbaum ist ein kleiner Baum, der nur bis zu 3 m groß wird. Seine Blattform ist sehr markant: es handelt sich um Doppelblätter, die Oberfläche ist glänzend dunkelgrün und die Unterseite matt und hellgrün. Aus den kleinen weißen Blüten entwickeln sich ziemlich runzelige Zitrusfrüchte, die an zu groß gewachsene Limetten erinnern. Die Schale wird ebenfalls zum Würzen verwendet.

In der Küche

AROMA:
Die Kaffirlimettenblätter sowie die Schale der Früchte schmecken intensiv nach Zitrone.

VERWENDUNG:
Kaffirlimettenblätter sind ein wichtiges Gewürz in der thailändischen sowie in der indonesischen Küche. Sie würzen Suppen, Dips und Currys, Fisch- und Geflügelgerichte.

EINKAUF/LAGERUNG:
Frisch wie auch getrocknet erhalten Sie Kaffirlimettenblätter im Asiashop. Frische Blätter lassen sich im Gefrierbeutel im Kühlschrank ein paar Wochen lagern. Die getrockneten Blätter sollten kühl, dunkel und luftdicht verschlossen aufbewahrt werden. Nach etwa 1 Jahr haben sie ihr Aroma verloren, kaufen Sie daher die Blätter nicht in großen Mengen.

KÜCHENTIPPS:
Kaffirlimettenblätter harmonieren ausgezeichnet mit Kokosmilch, Ingwer, Galgant, Knoblauch und Chili.
Kaffirlimettenblätter werden im Ganzen mitgekocht und vor dem Servieren aus dem Gericht gefischt oder sehr feingeschnitten unter die Speise gegeben.
Wenn Sie sich einen Vorrat an Kaffirlimettenblättern anlegen wollen, frieren Sie frische Blätter ein. So behalten sie langfristig ihr Aroma.

Coriandrum sativum
Koriander

Herkunft:
Europa, Asien

Essbarer Anteil:

Verwendung:
✕ ♨

■ FAMILIE: Doldenblütler (*Apiaceae*)

■ SYNONYME: Wanzenkraut, Schwindelkorn, Hochzeitskügelchen

■ VERWENDUNGSFORMEN: Samen, getrocknet, ganz oder gemahlen, und Blätter, frisch, Wurzel

■ HERKUNFT: Die in Südeuropa und Vorderasien heimische Gewürzpflanze ist dort schon seit Jahrtausenden bekannt. Heute findet man Koriander überall am Mittelmeer, in den Niederlanden, den Balkanstaaten, Russland, Indien und Amerika. In Deutschland wird er vor allem in Thüringen, Franken und Württemberg angebaut.

■ MERKMALE: Die etwa 30–60 cm hoch wachsende Pflanze ist äußerst anspruchslos, was die Qualität des Bodens angeht. Sie hat unten fächerförmige und oben gefiederte Blätter. Die Blüten sind in Dolden zusammengefasst und blühen weiß, aus ihnen bilden sich kugelige, runde, gelbbraune, gerippte Früchte. Der Durchmesser beträgt 1,5–3 mm. Nach der Ernte des Samens wird er getrocknet und gemahlen.

▪ VERWANDTE ARTEN: Koriander erinnert in mehrfacher Weise an Petersilie, sowohl die Blätter wie auch die Blüten sind zum Verwechseln ähnlich. Die beiden Kräuter werden in der Küche ähnlich behandelt, denn die Blätter vertragen weder Hitze noch Trocknung. Aus den Wurzeln kann man Brühe kochen.

▪ MYTHOLOGISCHES: Koriander ist eines der ältesten Kulturkräuter. Als eines der bitteren Kräuter des Passah-Festes wird Koriander schon in der Bibel erwähnt. Samen wurden bei Ausgrabungen von neolithischen Kulturrelikten gefunden. Und auch die Pharaonengräber beweisen, dass Koriander im alten Ägypten mit ins Jenseits gegeben wurde.

▰ ANWENDUNG IN DER HEILKUNDE: Koriander enthält ätherische Öle. Er hilft bei Störungen im Magen- und Darmbereich und wirkt beruhigend auf die Nerven. Koriander ist blähungstreibend, denn es regt die Tätigkeit der Darmmuskulatur an, wobei gleichzeitig Darmkrämpfe gelöst werden. Zusätzlich stärkt Koriander den Magen.

GARAM MASALA

Das Wort »masala« kommt aus dem Indischen und meint »Gewürzmischung«. Bei Garam masala handelt es sich streng genommen nicht um eine bestimmte Gewürzmischung, denn es gibt hunderte von Varianten. Je nach Region und persönlichem Geschmack mischt jede indische Hausfrau ihr Garam masala nach ihrem individuellen Rezept. Generell kann man zwischen Garam masala Pulver und Paste unterscheiden. Gemeinsam ist beiden, dass sie aus Koriander, Kreuzkümmel, Nelken, Muskat und Pfeffer bestehen. Den Pasten sind Chilischoten und oft Minze und Koriandergrün untergemischt.

KÜCHENTIPPS

Das Aroma von Koriander wird intensiver, wenn man die Samen im Mörser zerstößt oder in einer beschichteten Pfanne, ohne Zugabe von Fett, röstet.
Koriander passt ausgezeichnet zu Kreuzkümmel, Chili, frischer Minze und Knoblauch.

In der Küche

Aroma:

Das Aroma der Früchte ist warm, nussig und würzig. Korianderkraut und auch die Wurzeln haben einen sehr strengen Geruch und Geschmack, der gewöhnungsbedürftig ist.

Verwendung:

Koriandersamen sind in Süddeutschland ein klassisches Gewürz für Brot. Eine Prise gehört aber auch in Spekulatius und Printen. Koriandersamen würzen Gerichte mit Kohl, Kartoffeln und Hülsenfrüchten. Sie verfeinern gebratenen Fisch, Geflügel- und Fleischgerichte. Zu Chutneys, Pflaumenmus und eingelegtem Gemüse passt er ebenfalls hervorragend. Das Kraut würzt vor allem Gerichte aus der thailändischen, indischen, mexikanischen und brasilianischen Küche. Koriandersamen sind Bestandteil von Likören und Wermut und wurden im Mittelalter auch zur Bierherstellung verwendet.

Einkauf/Lagerung:

Koriandersamen, ganz oder gemahlen, finden Sie im Gewürzregal eines gut sortierten Supermarktes. Das Grün ist ganzjährig in der Gemüseecke zu finden. Koriandersamen kühl, dunkel und luftdicht verschlossen aufbewahren, so halten sie bis zu 1 Jahr ihr Aroma. Gemahlener Koriander verliert schnell seinen Geschmack. Die Blätter des Korianders und die Wurzeln lassen sich nur frisch verwenden, getrocknet verlieren sie ihr Aroma.

Crocus sativus
Safran

Herkunft:
Asien

Essbarer Anteil:
❀

Verwendung:
✕ ♈

Eigenschaft:
❗

▬ FAMILIE: Liliengewächse (*Iridaceae*)

▬ SYNONYME: Gelbe Würze, Suppengelb

▬ VERWENDUNGSFORMEN: Blütennarben, getrocknet, ganz oder gemahlen

▬ HERKUNFT: Die Heimat des Safrans ist Vorderasien. Heute wird er in Indien, China, Iran und Irak sowie in der ganzen Mittelmeerregion, vor allem in Spanien, angebaut. Der beste Safran kommt angeblich aus der Hochebene »La Mancha«.

▬ MERKMALE: Safran ist eine Krokusart. Er blüht lila in der Zeit von September bis Oktober und hat schmale, lange, fast grasartige Blätter. Innerhalb der 6-wöchigen Blütezeit werden die Narben der Safranblüte per Hand abgezwickt. Danach müssen sie möglichst schnell trocknen, wobei sie etwa 80 Prozent ihres Ausgangsgewichtes verlieren. Für 500 g Safrangewürz braucht man etwa 200 000 bis 400 000 Narben. Dies erklärt auch, warum Safran auch heutzutage nur in sehr kleinen Mengen zu einem relativ hohen Preis abgegeben wird.

▬ Verwandte Arten: Safran ist mit unserem heimischen Frühblüher, dem Gartenkrokus, verwandt.

▬ Mythologisches: Es ist überliefert, dass die alten Phönizier zu Ehren ihrer Liebesgöttin stark mit Safran gewürzte Kuchen backten, wenn sie sich Glück in der Liebe wünschten. Der Römer Marc Aurel badete angeblich in Safranwasser, weil es die Haut färbte und auch die Manneskraft steigern sollte.

▬ Anwendung in der Heilkunde: Der Arzt Dioskurides aus Kleinasien beschrieb schon in seinem Werk »De materia medica«, erschienen um 60–78 n. Chr., die therapeuti-

sche Wirkung von Safran: Er sei harntreibend und wirke bei Entzündungen, daher wurde er mit Wasser angerührt gegen »Augen- und Ohrenflüsse« verwendet. Die kräftigende, herzstärkende und aphrodisierende Wirkung des Safrans war schon in der vorchristlichen Zeit bekannt, und auch als Halluzinogen und Opiumersatz wurde er in Kleinasien, Ägypten, Griechenland und Italien verwendet.

Wussten Sie ...

Safran ist auch heute noch das teuerste Gewürz der Welt, daher wurde und wird immer noch gerne unter das Safranpulver der eine oder andere billige Ersatz gemischt. Dazu zählen Saflor, die Samen der Färber- bzw. Öldistel, oder auch Kurcuma. Im Mittelalter wurde in Nürnberg das Verdünnen von Safran mit der Todesstrafe durch Verbrennen bestraft. In der arabischen Welt wird heute noch mit Saflor gewürzt, und viele Touristen kaufen es auf dem Basar als vermeintlichen billigen Safran ein.

Hochwertige Safranfäden sind dunkelrot und fühlen sich fettig an. Erst beim Auflösen in Wasser entsteht die typisch gelbe Farbe.

In der Küche

AROMA:
Safran ist aromatisch herb, zartbitter bis würzig im Geschmack und färbt die Speisen gelb.

VERWENDUNG:
»Safran macht den Kuchen gel(b)« – Diesen Kinderreim kennen wir alle und wissen daher, dass er Kuchen und Gebäck färbt. Aber auch bei vielen Klassikern der pikanten Küche darf Safran nicht fehlen: Er färbt die spanische Paella, die französische Bouillabaisse und das italienische Risotto alla milanese. Er gehört in viele arabische Reisgerichte und passt ausgezeichnet zu Lamm, Geflügel und Fisch. Safran würzt äußerst dezent und ist ein wunderbares Färbemittel.

EINKAUF/LAGERUNG:
Safran ist in Fäden oder gemahlen erhältlich. Die Fäden sollte man bevorzugen, denn sie bleiben länger aromatisch. Außerdem können Sie sicher sein, echten Safran gekauft zu haben. Er sollte luftdicht, dunkel und trocken gelagert werden.

KÜCHENTIPPS:
Das feinste Aroma erzielen Sie, wenn Sie die Safranfäden im Mörser zerstoßen. Safranpulver kann direkt in die Speise gerührt werden.

WICHTIGER HINWEIS:
Während der Schwangerschaft sollte man auf therapeutische Anwendungen von Safran verzichten, denn er kann Fehlgeburten auslösen. In größeren Mengen hat er narkotisierende Wirkung, und eine Dosis von 10 bis 12 g kann sogar tödlich sein.

Cuminum cyminum
Kreuzkümmel

Herkunft:
Asien

Essbarer Anteil:

Verwendung:
✕ ♆

▬ FAMILIE: Doldenblütler (*Apiaceae*)

▬ SYNONYME: Kumin, Pfefferkümmel, Römischer Kümmel, Mutterkümmel, Haferkümmel, Wanzenkümmel

▬ VERWENDUNGSFORMEN: Samen, getrocknet, ganz und gemahlen

▬ HERKUNFT: Kreuzkümmel stammt wahrscheinlich aus dem östlichen Mittelmeergebiet oder aus Ägypten. Die Hauptproduktionsländer sind heute die nordafrikanischen Staaten, der mittlere Osten und Indien. Aber auch in Mexiko wird diese alte Kulturpflanze mittlerweile angebaut.

▬ MERKMALE: Die nur bis zu 30 cm hohe, kriechende Pflanze hat dunkelgrüne Blätter und weiß bis lilafarbene Blüten, aus denen sich die Früchte entwickeln. Kreuzkümmel ist dem Kümmel optisch sehr ähnlich, sollte jedoch nicht mit ihm verwechselt werden. Der Schwarzkümmel ist dunkel-kaffeebraun, dabei handelt es sich um ein Gewürz und Gewächs, das mit den anderen beiden bis auf den ähnlichen Namen nur sehr wenig gemeinsam hat.

- **VERWANDTE ARTEN:** Neben dem weitverbreiteten Kreuzkümmel gibt es den schwarzen Kreuzkümmel. Er wird auch als Kashmir-Kreuzkümmel bezeichnet und hauptsächlich im Iran, in Pakistan und dem westlichen Nordindien verwendet. Dort wächst er wild. Die Samen sind kleiner als die von Kreuzkümmel und schwarz. Mit Schwarzkümmel hat diese Art ebenso wenig zu tun wie die anderen Kümmelarten.

- **MYTHOLOGISCHES:** Bereits die Ägypter gaben den Pharaonen Kreuzkümmel mit in die Pyramiden, wahrscheinlich galt er schon bei ihnen als ein Heilmittel. Die Römer verwendeten ihn anstelle von Pfeffer und als gemahlene Paste zum Brotaufstrich. Unter Karl dem Großen wurde er in den Klostergärten angepflanzt. Das Öl des Kreuzkümmels wird in schweren, orientalischen Parfümen noch heute verwendet.

■ ANWENDUNG IN DER HEILKUNDE: Der Genuss von Kreuzkümmel wirkt sich sehr positiv auf die Verdauung aus. Sowohl bei Koliken und Durchfall als auch Menstruationsbeschwerden wirkt er für den gesamten Bauchbereich krampflösend und entspannend. In größeren Mengen hilft er auch bei Erkrankungen der oberen Atemwege: Einige Kreuzkümmelsamen etwa 2 Minuten kauen und dann ausspucken! Er ist appetitanregend, blutreinigend und beruhigend. Im antiken Ägypten wurde er zur Behandlung von Lungenkrankheiten eingesetzt.

KÜCHENTIPPS

Kreuzkümmel ist ein ausgesprochenes Mischgewürz, das zu allen anderen exotischen Gewürzen passt. Kreuzkümmel sollten Sie vorsichtig dosieren, da er einen starken Eigengeschmack hat.

In einer heißen beschichteten Pfanne ohne Zugabe von Fett geröstet, intensiviert sich der Geschmack von Kreuzkümmel.

WUSSTEN SIE …

Der römische Gelehrte Plinius berichtete, dass sich mit eifrigem Genuss von Kreuzkümmel der reiche Römer C. Julius Vinder die Stelle eines Proprätors in Gallien listig erwarb. Er habe so lange Kreuzkümmelwasser getrunken, bis er totenbleich ausgesehen habe. Dann sei er zu Kaiser Nero gegangen und habe versprochen, ihn zum Erben seiner Güter einzusetzen, wenn der Kaiser ihm den gewünschten Posten gäbe. Der geldgierige Kaiser ernannte ihn sofort zum Proprätor von Gallien und wartete vergeblich auf den Tod seines kerngesunden »Erbonkels«.

In der Küche

Aroma:
Kreuzkümmel schmeckt angenehm frisch, scharf aromatisch, ganz entfernt erinnert er im Geschmack an Kümmel.

Verwendung:
Besonders in der arabischen, fernöstlichen und lateinamerikanischen Küche ist Kreuzkümmel im Einsatz. Er gehört zu den Gewürzen der indonesischen Reistafel und ist Bestandteil vieler indischer Chutneys, z. B. des Mangochutneys. Außerdem kommt er an deftige Fleischgerichte der arabischen und der mexikanischen Küche, wie Chili con carne. Aber auch Brot und Käse sowie Bitter- und Magenliköre enthalten ihn.
Kreuzkümmel ist ein Muss bei den Gewürzmischungen Garam masala, Tandoori und bei jedem Curry.

Einkauf/Lagerung:
Kreuzkümmel können Sie ganz oder gemahlen in Gewürzläden kaufen. Oft wird er unter dem Namen »Kumin« geführt. Die ganzen Samen halten kühl, trocken, dunkel und luftdicht verschlossen über 1 Jahr. Das Pulver verliert schnell an Aroma und Geschmack.

Curcuma longa
Kurkuma

Herkunft:
Asien

Essbarer Anteil:

Verwendung:

■ FAMILIE: Ingwergewächse (*Zingiberaceae*)

■ SYNONYME: Gelbwurz, Chinesische Wurzel, Indischer Safran, Gelber Ingwer, Tumerik

■ VERWENDUNGSFORMEN: Wurzel, frisch und getrocknet, ganz oder gemahlen

■ HERKUNFT: Die schon seit über 2000 Jahren kultivierte Pflanze kommt aus Südost- bzw. Südasien. Heute werden 80 Prozent der Weltproduktion in Indien angebaut. Sie ist aber auch in Indonesien und Südamerika in Kulturform zu finden.

■ MERKMALE: Die Kurkumapflanze kann 1–2,5 m hoch wachsen und hat sehr große und breite lanzettförmige Blätter. Die Blüte ist gelb und lilienartig. Der knollige Wurzelstock erinnert an Ingwer. Die Kurkumaknolle ist runder und schmaler, hat eine gelbbraune Rinde und ein orangefarbenes Fruchtfleisch. Die Wurzel wird nach der Ernte kurz überbrüht und dann getrocknet. Danach wird die äußere Schicht entfernt. Getrocknete Kurkumawurzeln sehen aus wie kleine Aststücke, die in Currypulver gewälzt wurden.

■ Verwandte Arten: Kurkuma ist mit Ingwer und Galgant verwandt.

■ Mythologisches: In der vedischen Kultur Indiens ist Kurkuma nicht nur das wichtigste Gewürz, sondern er gilt darüber hinaus als heilig. Auch die Kutten der buddhistischen Mönche werden noch heute mit Kurkuma gefärbt.

■ Anwendung in der Heilkunde: Der gelbe Farbstoff, das Curcumin, fördert die Entleerung der Gallenblase. Das ätherische Öl fördert die Gallenproduktion in der Leber. Folglich lässt sich Kurkuma bei Magen- und Darmbeschwerden, die ihre Ursache in verminderter Ausscheidung von Galle haben, erfolgreich anwenden.

98 Curcuma longa

Schon probiert?

Mangochutney

1 Mango längs halbieren. Das Fruchtfleisch vom Kern schneiden. Die Mangohälften schälen und das Fleisch in Würfel schneiden. Ein 2 cm großes Stück Ingwer, 3 Knoblauchzehen und 1 Zwiebel schälen und fein hacken. 1 rote Chilischote waschen, putzen und in Ringe schneiden. 2 EL Sonnenblumenöl in einem kleinen Topf erhitzen. Ingwer, Knoblauch und Zwiebel darin andünsten. Mit 1 EL Kurkuma und 1/2 TL Garam masala bestäuben, Mangowürfel und Chiliringe hinzufügen und 150 g braunen Zucker einstreuen. 5 EL Weißweinessig und 5 EL Weißwein hinzufügen und das Ganze unter Rühren aufkochen, bis der Zucker sich aufgelöst hat. Dann etwa 15 Minuten offen kochen lassen. Dabei ab und zu umrühren. Die letzten 5 Minuten etwa 50 g Rosinen dazugeben. Wenn das Chutney eine dickliche Konsistenz aufweist, können Sie es in ein Twist-off-Glas oder ein Schälchen umfüllen.

In der Küche

Aroma:
Kurkuma riecht wie Ingwer, schmeckt würzig und ist im Aroma kräftiger als Ingwer.

Verwendung:
Kurkuma findet man nur selten im Gewürzregal, er ist aber der wichtigste Bestandteil von Currypulver. Kurkuma wird vor allem in der indischen, aber auch in der ostafrikanischen Küche angewandt. Er würzt Reis- und Nudelgerichte, Suppen, Saucen und Mayonnaise. Zu Fisch und Meeresfrüchten passt er ebenso gut wie zu Geflügel, Eiern, Gemüsecurrys und Chutneys.

Einkauf/Lagerung:
Gemahlenen Kurkuma nur in kleinen Mengen kaufen, denn er verliert schnell an Aroma. Trocken, dunkel und luftdicht verschlossen aufbewahren. Mit der getrockneten Wurzel ebenso umgehen. Und wenn Sie wirklich einmal frischen Kurkuma bekommen, können Sie diesen wie Ingwer mehrere Wochen im Gemüsefach des Kühlschranks lagern.

Küchentipps:
Kurkuma kann als billiger Ersatz für Safran verwendet werden, da seine Würzkraft nicht sehr dominant ist.
Worcestersauce und Senf enthalten übrigens auch Kurkuma.

Cymbopogon citratus
Zitronengras

Herkunft:
Asien

Essbarer Anteil:

Verwendung:

FAMILIE: Süßgrasgewächse (*Poaceae*)

SYNONYME: Malargras, Serehgras, Lemongras, Zitronellgras

VERWENDUNGSFORMEN: Halme, frisch und getrocknet, gestückelt und gemahlen

HERKUNFT: Zitronengras ist im tropischen Südostasien beheimatet. Mittlerweile wird die Pflanze auch in Indien, Afrika, Australien und Amerika kultiviert.

MERKMALE: Aus der knolligen Wurzel wächst das bis zu 2 Meter hohe tropische Gras. Es ist mehrjährig und wächst in dichten Büscheln. Die Blätter der grasähnlichen Gewürzpflanze sind lang und spitz. Sehr fein geschnitten finden nur ganz junge, zarte Blätter Verwendung in der Küche. Ältere Blattteile sind strohig und zäh. Allerdings ist das Aroma dieser strohigen Pflanzenteile noch intensiver.

In der Küche

Aroma:
Zitronengras ist kräftig säuerlich, frisch und zitronenartig im Geschmack mit einem Hauch von Rosenduft.

Verwendung:
Zitronengras wird insbesondere in der thailändischen, vietnamesischen, indonesischen und indischen Küche eingesetzt. Es würzt dort vor allem Suppen, Schmorgerichte mit Fisch und Geflügel. Es harmoniert wunderbar mit Kokosnuss, Chili und Koriandergrün.

Einkauf/Lagerung:
Zitronengras finden Sie im Asialaden, im Naturkosthandel meist nur getrocknet, manchmal aber auch frisch auf dem Wochenmarkt.

Küchentipps:
Zum Zerschneiden von frischem Zitronengras empfiehlt sich wegen dessen Zähigkeit ein Sägemesser.
Zitronengras wird in Fonds meist nur mitgekocht, aber nicht mitgegessen, denn nach dem Kochen ist es immer noch faserig und lässt sich nicht gut kauen.
Aus Zitronengras kann aber auch ein herrlich erfrischender Tee zubereitet werden. Sie sollten ihn mindestens 10 Minuten ziehen lassen, da das Aroma nur sehr langsam in den Tee übergeht.

Elettaria cardamomum
Kardamom

Herkunft:
Asien

Essbarer Anteil:

Verwendung:

FAMILIE: Ingwergewächse (*Zingiberaceae*)

SYNONYME: Cardamom, Grüner Kardamom

VERWENDUNGSFORMEN: Samen, getrocknet, ganz oder gemahlen

HERKUNFT: Kardamom stammt aus Südindien, Ceylon und Malaysia, wird aber in Indien und Guatemala kultiviert.

MERKMALE: Kardamom ist eine schilfartige Staudenpflanze, die bis zu 1,5 m hoch werden kann. Sie entwickelt blassgelbe Blüten, aus denen die kleinen, grünen Fruchtkapseln heranreifen. Ab dem dritten Jahr können die Früchte geerntet werden. Dafür müssen die Pflanzen ständig beobachtet werden, denn die Samen reifen das ganze Jahr. Die Samenkapseln werden »unreif«, d. h. bevor sie aufspringen, geerntet und in Trockenkammern oder in der Sonne getrocknet. Das eigentliche Gewürz sind die Samen. Sie werden aber zuerst in den Kapseln gelassen, damit das Aroma nicht verfliegt. Die kleinen runden Samen enthalten fein aromatische ätherische Öle. Sie werden vermahlen als rötlich-graues Pulver verkauft.

Da das Gewürz teuer ist, werden die hellen Fruchtschalen oft mitgemahlen. Im Handel unterscheidet man daher reine Kardamomsaat und »Kardamom mit Schale gemahlen«, welches an der hellen Farbe zu erkennen ist.

▬ VERWANDTE ARTEN: Nahe Verwandte sind der braune Ceylonkardamom (*Elletaria major*), der im Geschmack bitterer ist und oft als Kardamomersatz in den Handel kommt, und Meleguetapfeffer (*Aframomum melegueta*), auch Paradieskörner genannt. Sie schmecken scharf und pfefferig, kommen aber an den Geschmack von Kardamom heran.

■■■ MYTHOLOGISCHES: In der arabischen Männerwelt hält sich das Gerücht hartnäckig, dass Kardamom die Lust des Mannes erhöht.

■■■ ANWENDUNG IN DER HEILKUNDE: Am bekanntesten ist die verdauungsfördernde Wirkung des Kardamoms. Er hilft bei Blähungen. Auch Magenschmerzen und Krämpfe sollen durch ihn gelindert werden. Das Kauen der Samen erfrischt den Atem und verschönert die Stimme. Mithilfe seiner entgiftenden Enzyme vertreibt er den Kater nach einer durchzechten Nacht. Seit alters her gilt er als Aphrodisiakum.

SCHON PROBIERT?

KARDAMOMTEE

12 grüne Kardamomkapseln mit einem Mörser leicht zerstoßen und in eine Teekanne geben. Den Kardamom mit etwa 1,5 l heißem Wasser übergießen und einen breiten und langen Streifen unbehandelte Orangenschale hinzugeben. Das Ganze 10 Minuten ziehen lassen. Dann erst 2–3 EL Ceylontee hinzugeben und je nach persönlichen Wunsch 3 oder 5 Minuten ziehen lassen. Den Tee abseihen und mit Zucker und Milch servieren.

KARDAMOM-EIS-TEE

Dafür mischen Sie den erkalteten Kardamomtee 2:1 mit frisch ausgepresstem Orangen- oder Limomensaft. Sie geben in ein Glas bis zu einem Drittel zerstoßenes Eis und 2 EL braunen Zucker und gießen mit dem Kardamomtee-Fruchtsaft-Gemisch auf.

In der Küche

Aroma:

Kardamom hat ein sehr feines, süßlich-scharfes Aroma, im Nachgeschmack erinnert es an eine Mischung aus Zitrone, Kampfer und Bergamotte.

Verwendung:

Kardamom gehört in den Glühwein und in Lebkuchen. Er ist ein wichtiger Bestandteil von Currymischungen, passt aber auch wohl dosiert zu Kuchen, Gebäck, an Fleischgerichte, Pickles und Heringe, Wurst, Pasteten und Liköre sowie in Whisky. Im Orient wird mit Kardamom auch Kaffee und Tee aromatisiert, besonders der Beduinenkaffee verdankt sein Aroma Kardamomkapseln.

Einkauf/Lagerung:

Ganze Kardamomsamen oder auch Kapseln sind im Gewürzladen erhältlich. Gemahlen finden Sie ihn auch in einem gut sortierten Supermarkt. Kardamom sollte am besten in den Fruchtschalen kühl, trocken und dunkel gelagert werden. Die gemahlenen Samen verlieren schnell an Aroma.

Küchentipps:

Kardamom entwickelt am besten sein Aroma, wenn er ohne Zugabe von Fett in einer beschichteten Pfanne geröstet wird. Kardamom sollte frühzeitig zum Gericht gegeben werden, denn er entfaltet seinen vollen Geschmack erst durch Hitze.

Ferula asafoetida
Asant

Herkunft:
Asien

Essbarer Anteil:

Verwendung:
✕ ℛ

▬ Familie: Doldenblütler (*Apiaceae*)

▬ Synonyme: Asafoetida, Stinkasant, Teufelsdreck

▬ Verwendungsformen: Saft der Wurzel, als Harz oder gemahlen

▬ Herkunft: Asant ist heimisch im Ostiran und in Afghanistan. Er gedeiht dort in Salzsteppen.

▬ Merkmale: Die Asantpflanze bildet zunächst nur eine Rosette. Im fünften Jahr entwickeln sich 1–3 m hohe und 10 cm dicke Stängel mit gefiederten Blättern und doppeldoldigen, gelbgrünen Blüten. Durch das Aufschneiden der Wurzeln wird der Saft gewonnen, der an der Luft zu Gummiharz aushärtet. Da sich das Harz alleine nicht mahlen lässt, werden für die Herstellung des Pulvers Bockshornkleesamen untergemischt.

▬ Anwendung in der Heilkunde: Asant wirkt beruhigend auf die Psyche, regt das Nervensystem und die Ausschüttung von Geschlechtshormonen an, ist krampflösend und unterstützt die Therapie von Magen-, Leber- und Gallenleiden.

In der Küche

Aroma:
Asant erinnert im Geschmack an Knoblauch, ist dabei beißend scharf und leicht bitter.

Verwendung:
Asant war bei den Römern und im Mittelalter in Europa ein wichtiges Gewürz, heute ist er bei uns aber in Vergessenheit geraten. In Indien, Pakistan, Iran und Irak würzt er Fleisch- und Gemüseschmorgerichte.

Einkauf/Lagerung:
Asant als Gummiharz findet man nur äußerst selten im Asia-laden. Der gemahlene Asant sollte dem Harz gegenüber bevorzugt werden, da er einfacher zu dosieren ist. Sie finden ihn häufig in Naturkostläden oder in einer Gewürzhandlung. Er sollte dunkel, trocken und luftdicht verschlossen aufbewahrt werden.

Küchentipps:
Asant verliert beim Kochen seinen penetranten Knoblauchgeschmack und -geruch.
Dosieren Sie das Gewürz sparsam. Das Harz sollten Sie stets in heißem Wasser auflösen.
Falls Sie Asant für ein Gericht brauchen und keiner erhältlich ist, können Sie ihn durch Knoblauch und Zwiebeln ersetzen.

Foeniculum vulgare
Fenchel

Herkunft:
Europa

Essbarer Anteil:

Verwendung:

▬ FAMILIE: Doldenblütler (*Apiaceae*)

▬ SYNONYME: Gewürzfenchel, Gemeiner oder Wilder Fenchel, Römischer Fenchel, Langer Kümmel, Fenikel, Kinderfenkel, Brotsamen, Brotwürzkörner, Brotanis, Finchel

▬ VERWENDUNGSFORMEN: Samen, ganz oder gemahlen

▬ HERKUNFT: Fenchel stammt aus der Mittelmeerregion, er wird heute darüber hinaus in Indien, China und Japan, auf dem Balkan, in Dänemark, Deutschland, Großbritannien und in den USA angebaut.

▬ MERKMALE: Die Fenchelpflanze wächst bis 1,5 m hoch, hat fiedrige, blaugrüne Blätter, die im Aussehen an Dill erinnern. Von Juli bis September blüht sie gelb. Die kleinen Blüten sind als Dolde zusammengefasst. Aus den Blüten entwickeln sich die 3–12 mm langen und 2–4 mm breiten Spaltfrüchte. Die Ernte der Fenchelsamen erfolgt maschinell, sie werden gedroschen und getrocknet. Im Unterschied zu den meisten anderen Gewürzen behalten die Früchte auch nach dem Trocknen ihre grüne Farbe. Je intensiver das Grün, umso besser ist die Qualität.

▬ VERWANDTE ARTEN: Der Gewürzfenchel ist mit dem Gemüsefenchel verwandt. Durch Züchtung entwickelt der Gemüsefenchel eine besonders dicke oberirdische Knolle, die beim Gewürzfenchel weniger ausgebildet ist. Die Gewürze Anis, Kümmel, Kreuzkümmel und Dill gehören zur selben Pflanzenfamilie. Sie sind sich im unterschiedlichen Maß bezüglich Form und Geschmack ähnlich. Im Hindi haben z. B. Fenchel und Anis den gleichen Namen.

▬ MYTHOLOGISCHES: Im Mittelalter kaute man Fenchel, um Magengeräusche während der Predigt in der Kirche zu unterdrücken.

ANWENDUNG IN DER HEILKUNDE: Seit alters her gilt Fenchel als Stärkungsmittel. Jede Mutter kennt die Wirkung des Fenchels, der die Blähungen bei ihrem Säugling vermindert. Falls sie ihn selbst einnimmt, wird, wenn gleichzeitig viel Wasser getrunken wird, die Milchbildung stimuliert. Die entblähende Wirkung kann über die Muttermilch auf das Kind übertragen werden. Fenchel löst Krämpfe und den Schleim bei einer Bronchitis.

PANCH PHORON

Ein Klassiker der bengalischen Gewürzküche ist Panch phoron. Sie verdankt ihren ungewöhnlichen Geschmack dem Antagonismus von süßem Fenchel und bitterem Bockshornklee neben Kreuzkümmel, Schwarzkümmel und schwarzem Senf. Sie ist kaum scharf und würzt vor allem Linsen- und Gemüsegerichte.

SCHON PROBIERT?

SEEBARSCH MIT FENCHEL

Den Backofen auf 180° C vorheizen. Einen Seebarsch von 1,5 kg vom Fischhändler schuppen und ausnehmen lassen. Den Fisch gründlich waschen und abtupfen. 2 EL Fenchelsamen mit Salz und wenigen weißen Pfefferkörnern in einen Mörser geben und zerstoßen. Den Fisch von außen mit Olivenöl bepinseln und die Bauchhöhle und den Fisch mit der Kräutermischung einreiben. Den Fisch in eine feuerfeste Form geben und 30–40 Minuten garen, dann den Fisch aus dem Ofen nehmen und in der Auflaufform servieren. 4 EL Pernod anwärmen, über den Seebarsch geben und anzünden. Wenn die Flamme erloschen ist, den Fisch filetieren und auf vier Tellern verteilen.

In der Küche

Aroma:
Fenchel ist süßlich, erinnert im Geschmack ein bisschen an Lakritz.

Verwendung:
In Mitteleuropa wird er hauptsächlich für Tee oder Brot verwandt. In Italien, Südfrankreich und China würzt er auch Gemüse- und Fischgerichte.
Fenchelsamen sind Bestandteil der Fünfgewürzmischung. Fenchel wird vor allem im angelsächsischen Raum als Einlegegewürz für Gurken und Gemüse verwandt.

Einkauf/Lagerung:
Fenchelsamen bekommen Sie in der Gewürzhandlung oder auch in der Apotheke. Sie sollten sie kühl und dunkel lagern. Gemahlener Samen muss luftdicht verschlossen aufbewahrt werden, da er schnell an Aroma verliert.

Küchentipps:
Fenchel sollten Sie im Mörser zerstoßen, dann entfaltet er erst sein volles Aroma.
In der französischen Küche werden auch die Blätter als Gewürz verwendet und aromatisieren Mayonnaise und Vinaigrette.
Fenchel lässt sich gut mit Petersilie, Oregano, Salbei, Thymian und Chili kombinieren.

Illicium verum
Sternanis

Herkunft:
Asien

Essbarer Anteil:

Verwendung:

FAMILIE: Magnoliengewächse (*Illiciaceae*)

SYNONYME: Badian, Chinaanis

VERWENDUNGSFORMEN: Früchte, ganz oder gemahlen

HERKUNFT: Die Heimat des Sternanis ist Südchina und Nordvietnam. Dort ist er schon seit über 3000 Jahren bekannt. Heute wird er zusätzlich in Kambodscha, Laos, Japan und auf den Philippinen angebaut.

MERKMALE: Sternanis ist sicherlich optisch das schönste Gewürz. Es handelt sich um die sternförmigen Früchte eines immergrünen Baumes, der bis zu 8 m hoch wachsen kann und über 100 Jahre alt wird. Ab dem siebten Jahr trägt er die rotbraunen, korkig-holzigen, sternförmigen Früchte. In ihnen befinden sich die kastanienbraunen, glänzenden, etwa 8 mm großen Samen. Ein einziger Sternanisbaum liefert im Jahr bis zu 40 kg Früchte. Diese werden anschließend in der Sonne getrocknet und verlieren dabei etwa drei Viertel ihres Frischgewichtes. Es ist die Fruchtwand, in der die Würzkraft steckt. Sternanis ist reich an ätherischen Ölen, insbesondere an Anethol.

STERNANIS **113**

▬ VERWANDTE ARTEN: Sternanis ist botanisch nicht mit dem Anis verwandt. Geschmackliche Ähnlichkeit zum Anis hat zu dem Namen geführt.

▬ MYTHOLOGISCHES: Der englische See- und Kaperfahrer Sir Thomas Cavendish soll am 9. September 1588 das Gewürz Sternanis von den Philippinen nach Plymouth mitgebracht haben. In der europäischen Küche spielte es erst im 17. Jahrhundert am russischen Zarenhof als Aroma für Tee eine Rolle. Der Gattungsname *Illicinum* leitet sich vom lateinischen Wort *illicere*, zu deutsch »anlocken«, ab.

Anwendung in der Heilkunde:
Sternanis kann nach der Mahlzeit zur Verdauungsförderung und zur Verbesserung des Atems gekaut werden. Er soll gegen Blähungen, Husten und Bronchitis wirken.

Fünfgewürzmischung
Die Fünfgewürzmischung ist eine chinesische Erfindung und besteht aus fünf Gewürzen, die in einem fest stehenden Mischungsverhältnis zusammengesetzt sind. 1 Teil Sternanis, 1 Teil Sichuanpfeffer, 1/2 Teil Gewürznelke, 1/2 Teil Kassia und 1 1/4 Teil Fenchel. Sie finden diese Mischung auch bei uns in jedem Gewürzladen gemahlen oder die einzelnen Zutaten im Ganzen. Sie brauchen es, sobald Sie original südchinesisch oder vietnamesisch kochen möchten.

Schon probiert?

China-Ente
1 Ente gründlich unter fließendem Wasser reinigen und trockentupfen. 2 EL Fünfgewürzmischung mit 4 EL Sojasauce verrühren, die Ente damit rundum einpinseln. Den Backofen auf 200° C vorheizen. 4 Knoblauchzehen schälen, 1 Bund Frühlingszwiebeln waschen und putzen, beides fein hacken, mit 1 EL Fünfgewürzmischung, 2 EL Zucker und 100 ml Sojasauce verquirlen. Diese Mischung in das Innere der Ente füllen. Die Ente mit dem Bauch nach unten auf den Rost in den heißen Ofen legen, die Fettpfanne darunter schieben. Etwa 1 Stunde braten, den sich dabei entwickelnden Bratensaft ein paar Mal über die Ente schöpfen.

In der Küche

Aroma:
Sternanis duftet wie Anis, aber sein Geschmack ist voller, feuriger und schwerer.

Verwendung:
In der chinesischen Küche wird Sternanis als Gewürz zu Schweinefleisch, Ente und Gans eingesetzt. In Europa würzt er Pfefferkuchen, Pflaumen- und Birnenkompott, Süßspeisen sowie Weihnachtstee und Glühwein. Das Öl wird auch anstelle von Anisöl zu Zucker- und Backwaren, Eis und Likören wie z. B. Anisette verwendet.

Einkauf/Lagerung:
Sternanis erhalten Sie in einer Gewürzhandlung oder im gut sortierten Supermarkt. Die ganzen Früchte halten dunkel, trocken und luftdicht gelagert mehrere Jahre ihr Aroma. Als Pulver gemahlen, verliert sich der Geschmack schneller.

Küchentipps:
Geben Sie ein Stück Sternanis in der Innere von Huhn oder Ente, es gibt ein würzig süßes Aroma.
Sternanis lässt sich gut mit Ingwer, Zimt, Nelken, Pfeffer und Sojasauce kombinieren.
Neben der Fünfgewürzmischung ist er Bestandteil von Glühweingewürz und Pfefferkuchengewürz.

Juniperus communis
Wacholder

Herkunft:
Europa, Asien

Essbarer Anteil:

Verwendung:
✕ ♨

Eigenschaft:
!

▬ FAMILIE: Zypressengewächse *(Cupressaceae)*

▬ SYNONYME: Wacholderbeere, Räucherstrauch, Recholder, Reckolder, Machandel, Kaddigbeere, Krammetbeere, Kranawitt, Kronawitt

▬ VERWENDUNGSFORMEN: Beeren, frisch und getrocknet, ganz und gemahlen

▬ HERKUNFT: Der Wacholderstrauch bzw. -baum ist in ganz Europa und im gemäßigten Asien verbreitet. Die Würzkraft der Beeren ist stark vom Klima abhängig: je mehr Sonne, desto aromatischer. Die bei uns zu kaufenden Beeren stammen überwiegend aus der Mittelmeerregion. Wacholder finden Sie aber auch in ganz Deutschland auf sandigen und trockenen Böden, wie z. B. der Lüneburger Heide. Ende August trägt der Strauch seine Früchte.

▬ MERKMALE: Wacholder ist ein immergrünes Nadelgehölz, das baum- oder strauchförmig wächst. Während die etwa 12 m hohe, oft säulenförmige Baumform eher in niedrigen Lagen vorkommt, ist der Wacholder in der Gebirgsform nur

20–50 cm groß. Er kann als Baum bis zu 2000 Jahre alt werden. Bei alten Exemplaren wird der Stamm dann bis zu einem knappen Meter dick. Die Beeren sind zuerst grün, und nach einem Jahr der Reife am Baum erhalten sie ihre bläulich schwarze Färbung. Sie sind etwa 6–10 mm groß und zeigen getrocknet eine runzelige Oberfläche.

▬ VERWANDTE ARTEN: Der Wacholder ist mit der Mittelmeer-Zypresse *(Cupressus sempervirens)* verwandt und ihr im Aussehen sehr ähnlich. Aufgrund unserer Reisevorlieben wird der Wacholder daher auch gelegentlich als Zypresse des Nordens bezeichnet.

MYTHOLOGISCHES: Nach altem Volksglauben vermittelt der Wacholder zwischen Leben und Tod. Da die Seelen der Verstorbenen nach dem Tod eine kurze Zeit im Wacholderbaum verweilen können, bestand für sie eine Aussicht auf eine Rückkehr ins irdische Leben. Im Mittelalter war der Aberglaube weit verbreitet, dass mit einem Wacholderzweig der Teufel vertrieben werden kann.

ANWENDUNG IN DER HEILKUNDE: Wacholderbeeren enthalten viel ätherisches Öl, u. a. Terpineol, Borneol und Geramiol. Diese Inhaltsstoffe wirken appetitanregend, harntreibend, desinfizierend und muskelentspannend. Zur Linderung von Erkältungs- und Grippesymptomen sollten die Beeren gekaut werden. Ein Tee aus Wacholderbeeren hilft bei Magenbeschwerden und Blasenentzündungen sowie bei rheumatischen Leiden.

SCHON PROBIERT?

WILDMARINADE

Legen Sie Wild wie z. B. Hase, Rehrücken oder -keule für 2 Tage in eine Marinade aus 3/4 l Rotwein, 5–6 Wacholderbeeren, 3 Zweigen Rosmarin und 10 Zweigen Thymian sowie einigen Lorbeerblättern und schwarzen Pfefferkörnern ein. Das Wild sollte mehrmals in der Marinade gewendet werden.
Anstelle von Rotwein können Sie auch Essig und Öl verwenden. Dann reicht eine kleine Menge an Essig und Öl, die Gewürze sollten Sie dann im Mörser zerstoßen, das Wild damit einreiben und in einem feuchten Tuch einwickeln.

In der Küche

Aroma:
Wacholder hat einen würzig-süßen, leicht harzigen Geschmack. Er verströmt einen Duft wie im Nadelwald.

Verwendung:
Wacholder ist das klassische Gewürz zu Wildgerichten, insbesondere Wildschwein, Reh und Taube. Er passt aber auch sehr gut zu Lamm-, Rind- und Schweinefleischgerichten sowie zu Sauerkraut, Rot- und Weißkraut, Rote Bete und Rüben. Wacholder ist geschmacksgebender Inhaltstoff bei Gin und Genever.

Einkauf/Lagerung:
Das Gewürz finden Sie in jedem gut sortierten Supermarkt. Luftdicht verschlossen, kühl und dunkel aufbewahrt, sind die Beeren bis zu 3 Jahre haltbar. Gemahlen verliert das Gewürz schneller an Aroma.

Küchentipps:
Zerdrückt oder grob zerstoßen entfaltet Wacholder am besten sein Aroma. Er ist im Geschmack sehr kräftig und kann daher sehr dominant hervorschmecken. 6–8 Beeren reichen für eine Wildmarinade, etwa 4 Beeren bei einer Sauerkrautbeilage für 4 Personen.
Wacholder wird oft mit Lorbeer, schwarzem Pfeffer, Senfkörnern, Knoblauch, Majoran und Thymian kombiniert.

Wichtiger Hinweis:
Da Wacholder für den Menschen auch schwach giftig ist, ist Vorsicht bei der Dosierung geboten. Schwangere und Nierenkranke sollten auf Wacholder als Heilmittel verzichten.

Laserpitium siler
Bergkümmel

Herkunft:
Asien

Essbarer Anteil:

Verwendung:

- **FAMILIE**: Doldenblütler *(Apiaceae)*

- **SYNONYME**: Echter Bergkümmel, Geißfenchel

- **VERWENDUNGSFORMEN**: Samen, ganz oder gemahlen

- **HERKUNFT**: Die Heimat des Bergkümmels ist Kleinasien, der Kaukasus und Iran. Heute wird er hauptsächlich in der Türkei kultiviert.

- **MERKMALE**: Die anspruchslose Pflanze wächst wild auf kalkreichen Gebirgsböden. Aus den Blüten bilden sich die 7–8 mm langen und 3–4 mm breiten Samen, die nach der Ernte getrocknet werden.

- **VERWANDTE ARTEN**: Bergkümmel ist mit Kümmel und Kreuzkümmel verwandt und sieht diesen beiden Gewürzen auch sehr ähnlich.

- **ANWENDUNG IN DER HEILKUNDE**: Bergkümmel soll als Teeaufguss Magenschmerzen lindern, die Menstruation einleiten sowie harntreibend wirken.

In der Küche

Aroma:
Bergkümmel ist würzig scharf und eignet sich wie auch Kreuzkümmel als Pfefferersatz.

Verwendung:
Bergkümmel verwendet man vor allem in der türkischen Küche. Dort würzt er deftige Eintöpfe und passt besonders gut zu Tomaten- und Kohlgerichten.

Einkauf/Lagerung:
Bergkümmel finden Sie gemahlen oder als Samen in einer Gewürzhandlung. Er sollte dunkel, trocken und luftdicht verschlossen lagern. Die ganzen Samen halten bei richtiger Lagerung über Jahre ihr Aroma.

Küchentipps:
Bergkümmel können Sie – falls nicht erhältlich oder vorhanden – durch Kreuzkümmel ersetzen.
Die ganzen Samen sollten Sie im Mörser zerstoßen oder in einer Pfanne ohne Zugabe von Fett rösten, so entfalten sie ihr volles Aroma.
Verwenden Sie das Gewürz sparsam, es kann Ihnen schnell passieren, dass Sie das Gericht überwürzen.

Laurus nobilis
Lorbeer

Herkunft:
Asien

Essbarer Anteil:

Verwendung:
✗ ♉

Eigenschaft:
!

▰ FAMILIE: Lorbeergewächse *(Lauraceae)*

▰ SYNONYME: Suppenblatt, Lorbeerblatt

▰ VERWENDUNGSFORMEN: Blätter, frisch und getrocknet

▰ HERKUNFT: Der Lorbeerbaum hat seine Heimat in Kleinasien. Heute ist er im ganzen Mittelmeerraum von der Türkei bis Spanien und auch in Marokko weit verbreitet. Auch in den USA und den südwestlichen Regionen der ehemaligen Sowjetunion wird er heute kultiviert.

▰ MERKMALE: Der immergrüne Baum kann eine Höhe von bis zu 15 m erreichen. In der Kulturform wird der Baum stark zurückgeschnitten und erinnert eher an einen Strauch. So lassen sich die Zweige bzw. Blätter besser ernten. Der Baum hat weißlich-gelbe Blüten, die in Dolden zusammengefasst sind. Aus den Blüten bilden sich blauschwarze, haselnussgroße Beeren, die zur Verwendung von Likören und Salben verwendet werden.
Die Blätter werden noch heute per Hand gepflückt und an schattigen Plätzen getrocknet. Die Blätter sind lanzettförmig, ledrig, das Oberblatt dunkelgrün und das Unterblatt hellgrün.

▬ VERWANDTE ARTEN: Der mediterrane Lorbeer ist mit dem kalifornischen, westindischen und indonesischen Lorbeer verwandt. Diese Lorbeergewächse haben in den regionalen Küchen durchaus eine Bedeutung als Gewürz. In Europa wird mit diesen Lorbeerblättern jedoch kein Handel getrieben.

▬ MYTHOLOGISCHES: Lorbeer wird bereits in einer 7000 Jahre alten sumerischen Keilschrift erwähnt. Lorbeerkränze galten als Siegessymbol im Faustkampf. Auch die römischen Feldherren wurden nach einer gewonnenen Schlacht mit einem Lorbeerkranz geschmückt. Der Lorbeer war bei den Griechen heilig und dem Gott Apollon geweiht. Außerdem hatten die Griechen noch einen anderen Verwendungszweck für den Lorbeer: Das Orakel von Delphi kam anscheinend dadurch zu seinen Weissagungen, dass die Priesterin Lorbeer im Munde hatte.

Lorbeer führt, wenn er in größeren Mengen genossen wird, zu Trance und Bewusstseinsstörungen. Karl der Große empfahl den Lorbeeranbau in Deutschland, damit er als Arznei und Gewürz mehr verwendet würde. Viele Kräuterexperten des Mittelalters schrieben dem Lorbeer eine magen- und nierenstärkende Wirkung zu. Ferner galt Lorbeer als Heilmittel gegen die Pest.

▬▬ ANWENDUNG IN DER HEILKUNDE: Lorbeeressenzen und -salben werden zur äußerlichen Rheumabehandlung eingesetzt und vertreiben Insekten. Lorbeeröl, welches aus den Beeren des Baumes gewonnen wird, wirkt äußerlich bei Verstauchungen und Quetschungen. Bei Säuglingen hilft es äußerlich gegen Blähungen. Lorbeer wirkt außerdem antibakteriell.

BOUQUET GARNI

Lorbeer, Petersilie und Thymian bilden zusammen das klassische Dreigestirn für das Bouquet garni, was soviel wie »Kräutersträußchen« heißt. Klassisch sind die drei Kräuter frisch mit Küchengarn zusammengebunden. Für den modernen Haushalt gibt es sie aber auch schon als getrocknete und gehackte Mischung zu kaufen, die jedoch nicht annähernd an das Original herankommt.

KÜCHENTIPPS

Ganze Blätter verströmen ihr volles Aroma, wenn sie zerstoßen oder zerhackt werden. Lorbeerblätter sollten immer mitgekocht werden, erst so kommt ihr voller Geschmack zur Geltung. Ritzt man die Blätter etwas ein, würzt Lorbeer intensiver.
Lorbeer harmoniert ausgezeichnet mit Wacholder, schwarzem Pfeffer und Senfkörnern.

In der Küche

Aroma:

Lorbeer schmeckt herb, aromatisch, würzig und ein bisschen bitter. Die frischen Blätter sind besonders bitter.

Verwendung:

Alles, was sauer ist, verträgt auch Lorbeer: Fleischsülze und Sülzkoteletts, Sauerkraut, eingelegte Rote Bete, Gurken, Mixed Pickles, eingelegte zarte grüne Böhnchen, junge, grüne Tomaten und Heringe. Lorbeerblätter passen besonders gut in Fleischbeize wie zum Sauerbraten und Wild, in die Fischmarinade, zu deftigen Kartoffelgerichten, zu großen Braten und allen dunklen Bratensaucen, Ragouts, Gulasch und kräftigen Eintöpfen.

Einkauf/Lagerung:

Getrocknete Lorbeerblätter erhalten Sie in jedem gut sortierten Supermarkt, mit etwas Glück bekommen Sie in den Sommermonaten auch frische Lorbeerblätter auf dem Wochenmarkt. Gute Qualität erkennen Sie an den stiellosen, grünen, trockenen und unbeschädigten Blättern. Zerbrochene Lorbeerblätter verlieren schnell ihr Aroma. Lorbeer sollte trocken und dunkel aufbewahrt werden. Frische Blätter halten sich über Wochen im Gemüsefach des Kühlschranks.

Wichtiger Hinweis:

Lorbeer kann in größeren Dosen Rauschzustände erzeugen, besonders wenn er als Tee verwendet wird.

Levisticum officinale
Liebstöckel

Herkunft:
Asien

Essbarer Anteil:

Verwendung:

Eigenschaft:
!

▰ FAMILIE: Doldenblütler *(Apiaceae)*

▰ SYNONYME: Maggikraut, Luststock, Badekraut

▰ VERWENDUNGSFORMEN: Blätter und Wurzel, frisch

▰ HERKUNFT: Vermutlich kommt der Liebstöckel aus Zentralasien. In Europa ist er aber schon lange verbreitet. Schon zur Zeit der alten Römer wurden mit ihm die Speisen gewürzt und das Kraut in der Mittelmeerregion angebaut.

▰ MERKMALE: Die Liebstöckelpflanze ist mehrjährig und kann bis zu 2 m hoch wachsen. Sie hat einen reich verzweigten Wurzelstock, aus ihm treiben im Frühjahr die Jungpflanzen und bilden große gefiederte Blätter mit kantigen Stängeln und gelben Blütendolden. Die Blätter erinnern in der Form und Geschmack an Sellerieblätter und enthalten ätherische Öle, Gerb- und Bitterstoffe. Auch wenn sich die Behauptung hartnäckig hält, ist Liebstöckel kein Bestandteil der Maggiwürze.

In der Küche

Aroma:
Liebstöckel schmeckt frisch und würzig. Er erinnert an den Geschmack von Sellerie.

Verwendung:
Liebstöckel wird traditionell vor allem in der ligurischen Küche verwendet. Daher leitet sich auch der Name Liebstöckel ab. Das aromatische Kraut findet immer mehr Liebhaber und würzt vor allem Suppen, Eintöpfe, sauer Eingelegtes und Kräuteressig.

Einkauf/Lagerung:
Liebstöckel finden Sie in dem Monaten Mai bis September auf den Wochenmärkten. Er kann mit feuchtem Küchenpapier umwickelt und in einen Gefrierbeutel eingepackt 1–3 Tage aufbewahrt werden.

Küchentipps
Liebstöckel harmoniert sehr gut mit Oregano, schwarzem Pfeffer und Dill.
Geben Sie das gehackte Kraut erst am Ende der Kochzeit zum Gericht, so verliert es weniger an Aroma.

Wichtiger Hinweis:
Ein extrem hoher Verzehr von Liebstöckel kann zu Nierenreizungen und Schwindel führen. Empfindliche Menschen sollten den Genuss stark einschränken oder auf Liebstöckel verzichten.

Murraya koenigii
Curryblatt

Herkunft:
Asien

Essbarer Anteil:

Verwendung:

- FAMILIE: Rautengewächse *(Rutaceae)*

- SYNONYME: Murraya

- VERWENDUNGSFORMEN: Blätter, frisch und getrocknet, ganz und zerstoßen

- HERKUNFT: Die Heimat des kleinen Baumes ist Indien. Heute ist er wild oder verwildert im ganzen Subkontinent mit Ausnahme der hohen Lagen des Himalaja zu finden. In den Osten erstreckt sich sein Verbreitungsgebiet bis nach Burma.

- MERKMALE: Curryblätter erinnern von der Form her an Lorbeerblätter. Sie sind etwas kleiner und weicher, von der Farbe her sind sie olivgrün, und beim Trocknen verändert sich ihr Farbton nur unwesentlich.

- VERWANDTE ARTEN: Botanisch ist der Currybaum mit allen Zitrusbäumen verwandt. Frische Curryblätter erinnern im Geruch auch ganz leicht an das Aroma von Mandarinen.

IN DER KÜCHE

AROMA:
Curryblätter schmecken aromatisch würzig und angenehm frisch. Frische Blätter sind geschmacksintensiver als getrocknete.

VERWENDUNG:
Curryblätter sind ein klassisches Gewürz der Küche Südindiens und Sri Lankas. Sie passen zu Fleisch- und Fischgerichten, würzen Currys, Chutneys und Relishes und sind häufig in Suppen und Eintöpfen zu finden. Curryblätter sind ein wesentlicher Bestandteil der Madras-Curry-Mischung.

EINKAUF/LAGERUNG:
Das Gewürz finden Sie in indischen Lebensmittelgeschäften. Frische Blätter können einige Tage im Gemüsefach des Kühlschranks in einem Gefrierbeutel gelagert werden. Getrocknete Blätter sollten luftdicht aufbewahrt werden und halten so mehrere Monate ihr Aroma.

KÜCHENTIPPS:
Frische Curryblätter sollten bis zur Verwendung nicht vom Zweig gelöst werden, so erhalten sie ihr Aroma länger.
Haben Sie zu viele Blätter, können Sie diese am besten tiefgefroren lagern. Durch Rösten mit oder ohne Fett wird das Aroma der Curryblätter intensiviert.
Curryblätter harmonieren sehr gut mit Kokosmilch.

Myristica fragrans
Muskat und Macis

Herkunft:
Asien

Essbarer Anteil:

Verwendung:

Eigenschaft:
!

▬ FAMILIE: Muskatnussgewächse *(Myristicaceae)*

▬ SYNONYME: Muskatnuss, Bandanuss, Suppennuss
Macis = Muskatblüte, Macisblüte

▬ VERWENDUNGSFORMEN: Samen und Samenmantel, getrocknet, ganz und gemahlen

▬ HERKUNFT: Die Heimat des Muskatbaumes sind die Molukken bzw. Neuguinea. Heute wird Muskatnuss vor allem in Indonesien, Westindien, auf Madagaskar und Mauritius sowie in Brasilien angebaut.

▬ MERKMALE: Der Muskatbaum kann bis zu 100 Jahre alt werden. Er wird wildwachsend bis zu 15 m hoch. In der Kulturform hält man die Bäume auf etwa 6 m Höhe, um sie einfacher abernten zu können. Erst vom achten Lebensjahr an trägt ein Baum Früchte, dann steigert sich sein Ertrag, bis er vom fünfzehnten Jahr an die ertragreichste Ernte liefert.
Die Muskatnuss ist nicht die Frucht des Muskatbaumes, es sind die Samenkerne der Früchte, die Ähnlichkeit mit unseren Aprikosen haben. 9 Monate dauert die Reifezeit von der Blüte bis zur

Ernte, dann springen die Früchte auf. In den Wäldern schlägt man sie mit langen Stangen von den Bäumen, in den Plantagen werden sie gepflückt. Das Fruchtfleisch und der rote Samenmantel (Macis oder Muskatblüte) werden entfernt und einzeln oder zusammen mit dem Samen (Muskatnuss) getrocknet.

▬ MYTHOLOGISCHES: Ob Muskat schon im Altertum als Gewürz in Europa bekannt war, ist schwer zu beantworten. Der Naturforscher und Weltreisende von Martius (1794–1868) versuchte nachzuweisen, dass Macis schon dem römischen Komödiendichter Plautus (etwa 200 v. Chr.) und die Muskatnuss dem Gelehrten Plinius (etwa 50 n. Chr.) bekannt gewesen seien. Muskatnüsse hat man in ägyptischen Mumiengräbern gefunden. Das beweist, dass sie in der Antike bekannt waren, aber ob sie als Gewürz gebraucht oder nur als Medizin und als Kultmittel eingesetzt worden sind, bleibt offen. Muskat und Macis gehörten mit Nelken und Zimt im 17. und 18. Jahrhundert zu den teuersten Gewürzen.

▬ ANWENDUNG IN DER HEILKUNDE: In der Volksmedizin spielt die Muskatnuss ein bedeutende Rolle. Trägt man sie als Amulett oder in der Hosentasche bei sich, schützt sie vor Geschwüren und gegen Furunkel am Hals. Noch heute spielt Muskat in der Homöopathie eine wichtige Rolle.

RAS EL HANOUT

Ras el hanout ist eine nordafrikanische Gewürzmischung aus Macis, Muskat, schwarzem Pfeffer, Kardamom, Galgant, Piment, Rosenknospen, Lavendel und Zimt. Auch Ingwer, Kurkuma, Schwarzkümmel, Spanische Fliege, Kassia und Fenchel können untergemischt werden. Jeder arabische Gewürzhändler hat seine eigene Rezeptur für diese Gewürzmischung. Sie würzt Reis, Couscous und Tajine-Gerichte. Bei letzterem handelt es sich um tunesische bzw. marokkanische Eintöpfe.

KÜCHENTIPPS

Muskat ist ein Prisengewürz. Würzen Sie sparsam, sonst schmeckt Ihr Gericht seifig. Muskat entfaltet sein Aroma erst beim Reiben. Bevorzugen Sie daher die Muskatnuss und kaufen Sie sich eine Muskatnussreibe. Muskat verliert durch Hitze an Aroma, würzen Sie die Speisen daher erst am Ende der Garzeit.

In der Küche

Aroma:
Muskat riecht angenehm würzig, schmeckt feurig-würzig und brennt ein bisschen. Macis ist feiner im Geschmack. Macis kann Muskat immer ersetzen, jedoch nicht umgekehrt.

Verwendung:
Muskat würzt alles Salzige: Kartoffelbrei, Rahmspinat und Blumenkohl brauchen eine Prise Muskat. Aber auch kräftige Gemüse-suppen, helle Saucen, Eier-, Fisch- und Fleischgerichte werden mit Muskat gewürzt. Zum Käsefondue gehört ebenso die Prise Muskat wie auch zum Eierpunsch. Macis kann überall dort, wo Muskatnuss eingesetzt wird, ebenfalls würzen. Besondere Verwendung findet es bei Süßspeisen wie Cremes, Puddings und Kompott sowie bei Weihnachtsgebäck und Punsch.

Einkauf/Lagerung:
Muskat erhalten Sie als Nuss oder gemahlen. Auch Macis findet man gemahlen und als gelbbraune Hülle. Das Pulver ist einfacher zu handhaben und wird daher bevorzugt ge-kauft. Beide Gewürze finden Sie im gut sortierten Lebens-mitteleinzelhandel und in größerer Auswahl im Gewürz-handel. Muskat wie auch Macis sollte trocken, dunkel und luftdicht verschlossen aufbewahrt werden.

WICHTIGER HINWEIS:

In größeren Dosen (5–30 g) ist die Muskatnuss giftig. Die Inhaltstoffe werden im menschlichen Orga-nismus zu mescalin- und amphe-taminähnlichen Substanzen abge-baut und lösen Rauschzustände aus, die im schlimmsten Fall töd-lich enden können.

Myrrhis odorata
Süßdolde

Herkunft:
Europa

Essbarer Anteil:

Verwendung:

▬ Familie: Doldenblütler *(Apiaceae)*

▬ Synonyme: Myrrhenkerbel, Spanischer Kerbel, Aniskerbel

▬ Verwendungsformen: Samen und Blätter, frisch

▬ Herkunft: Die Heimat der Süßdolde ist das französische Savoyen. Heute ist sie in ganz Europa und in Nordamerika verbreitet. Als Gartenpflanze wird sie vor allem in Skandinavien gezogen, da sie äußerst kälteresistent ist.

▬ Merkmale: Die Süßdolde ist eine mehrjährige Pflanze, die über 1 m hoch wächst. Die Blätter sind stark gefiedert, die Blüten sind weiß und stehen als Dolde zusammen. Aus ihnen entwickelt sich der Samen, der im Aussehen an Fenchel erinnert. Die Früchte sind reich an ätherischem Öl, vor allem Anethol.

In der Küche

Aroma:
Süßdolde schmeckt lakritzähnlich, süßlich und erinnert im Geruch und Geschmack ein bisschen an eine Mischung aus Fenchel und Anis.

Verwendung:
Die Blätter der Süßdolde würzen Salate, Joghurt- und Quarkdips. Die Samen passen zu Süßspeisen wie Cremes, Puddings sowie auch zu Kompott und Obstsalat. Süßdolde ist heute bei uns als Küchengewürz fast in Vergessenheit geraten. Im skandinavischen Raum ist es jedoch nach wie vor ein populäres Gewürz, da es sich auch äußerst einfach im Garten anbauen lässt.

Einkauf/Lagerung:
Blätter und Samen lassen sich nur frisch verwenden. Mit ganz viel Glück bekommen Sie beides zwischen Juli und August auf dem Wochenmarkt. Die Blätter und Samen, im Gefrierbeutel verpackt, halten sich im Gemüsefach des Kühlschranks einige Tage.

Küchentipps:
Süßdolde lässt sich mit Minze und Melisse gut kombinieren. Bei säurereichem Obstkompott wie Rhabarber und Stachelbeere nimmt sie Säure, und die Zuckermenge kann reduziert werden. Mit Süßdolde lassen sich auch Desserts garnieren.

Natriumchlorid
Salz

Herkunft:
weltweit

Essbarer Anteil:
alles

Verwendung:
✕ ♙

FAMILIE: Chloride

SYNONYME: Kochsalz, Speisesalz

VERWENDUNGSFORMEN: gemahlen in verschiedenen Körnungen, als Stein

HERKUNFT: Kochsalz ist in der Natur ein weit verbreiteter Stoff. Das Meerwasser enthält 3 Prozent Kochsalz. Oft ist es auch in unterirdischen Steinsalzlagern abgelagert, die sich aus ehemaligen Meeren gebildet haben.

MERKMALE: Man unterscheidet grob in Meersalz, Salinensalz und Steinsalz. Wie schon der Name sagt, wird das Meersalz aus Meerwasser bzw. Brackwasser gewonnen. Das Wasser lässt man in sogenannten Salzgärten verdunsten, übrig bleibt das verkrustete Salz. Steinsalz wird in Salzbergwerken unter Tage abgebaut. Die Steinsalzbrocken werden gemahlen und gesiebt. Salinensalz wird aus unterirdischer Sole gewonnen, es wird ähnlich wie das Meersalz durch Verdunstung des Wassers gewonnen. Meersalz enthält gegenüber den anderen Salzen neben Natrium auch andere Mineral- und Spurenelemente.

SALZ **137**

Weißes Salz ist chemisch gereinigt worden. Naturbelassenes Salz hat einen gräulichen oder bräunlichen Schimmer.

▬ MYTHOLOGISCHES: Bei den Römern war Salz ein Zahlungsmittel. Das Wort »Salär« stammt vom lateinischen *salarium* ab, denn seinerzeit erhielten die römischen Legionäre ihren Sold in Form von Salz. Salz blieb lange Zeit ein kostbares Gut und heißt daher auch im Volksmund »Weißes Gold«. Dies machte sich auch der Staat zum Nutzen und erhob die Salzsteuer. Bis 1992 gab es in der Bundesrepublik Deutschland diese Steuer. Das Kilogramm Salz wurde mit 12 DM besteuert. Im Zuge der Harmonisierung innerhalb der EG musste sie wegfallen.

■■■ ANWENDUNG IN DER HEILKUNDE: Blut ist ein besonderer Saft, so heißt es schon in Goethes »Faust«. In 1 Liter menschlichem Blut sind 9 g Kochsalz enthalten. Natrium gehört zu den lebensnotwendigen Mineralstoffen. Der Mensch sollte minimal 2 g Natriumchlorid täglich zu sich nehmen. Natrium ist entscheidend für die Homöostase im Organismus verantwortlich. Zu viel Salz in der Nahrung führt bei natriumsensitiven Menschen aber zu einem Bluthochdruck und erhöht somit das Risiko für Herz-Kreislauf-Erkrankungen.

SALZARTEN UND -MISCHUNGEN

Jodiertes und fluoridiertes Salz: Jodiertes Speisesalz enthält Kaliumjodat, welches den Aufbau des Schilddrüsenhormons Thyroxin unterstützt. Dadurch kann die Ausbildung eines Kropfes verhindert werden. Gesetzlich ist vorgeschrieben, dass 1 kg Salz maximal 25 mg Jod enthalten darf. Jodsalz mit Fluor enthält zusätzlich Fluoride, die Karies vorbeugen.

Diätetisches Salz: Unter Diätsalz versteht man natriumarmes Salz. Das Natrium ist durch Kalium und/oder Magnesium ersetzt worden. Es soll von Patienten verwendet werden, bei denen ein natriumsensitiver Bluthochdruck festgestellt worden ist. Es hat einen leicht bitteren Nachgeschmack und findet daher auch wenig Akzeptanz.

Gewürz- und Kräutersalz: Hierbei handelt es sich um Mischungen aus Salz und anderen Gewürzen – ihr Name verrät sofort, um welche es sich handelt. Die bekanntesten Mischungen heißen Kräutersalz, Knoblauchsalz, Selleriesalz und Zwiebelsalz.

In der Küche

Aroma:
Salz schmeckt salzig. Zwischen Meersalz, Salinensalz und Steinsalz lässt sich kein großer Unterschied erschmecken. Auch jodiertes oder fluoridiertes Salz schmeckt nicht anders.

Verwendung:
Salz findet bei fast jedem Gericht in unterschiedlicher Dosis Verwendung. Selbst bei süßen Speisen rundet es den Geschmack ab. Ferner wird es zum Konservieren verwendet.

Einkauf/Lagerung:
Da Deutschland ein Jodmangelgebiet ist und Fluor für die Zahngesundheit einen entscheidenden Beitrag leisten kann, sollte dieses Salz bevorzugt gekauft werden. Eine Überdosierung mit diesen beiden Spurenelementen kann selbst bei einem hohen Salzkonsum ausgeschlossen werden. Geben Sie zum Salz im Salzstreuer ein paar Körner Reis, so bleibt es rieselfähig und verklumpt nicht.

Küchentipps:
1 Prise Salz gehört an jedes Gericht, denn es verstärkt den Eigengeschmack der Lebensmittel. Beim Brot verzögert es den Gärungsprozess, beim Käse ist es entscheidend am Reifungsprozess beteiligt.
Salz konserviert, da es die schnelle Besiedlung von Bakterien und Schimmel auf bzw. in Lebensmitteln verhindert.

Nigella sativa
Schwarzkümmel

Herkunft:
Europa, Asien

Essbarer Anteil:

Verwendung:
✕ ♣

▬ FAMILIE: Hahnenfußgewächse *(Ranunculaceae)*

▬ SYNONYME: Zwiebelsamen

▬ VERWENDUNGSFORMEN: Samen, getrocknet, ganz oder gemahlen

▬ HERKUNFT: Die Heimat des Schwarzkümmels ist der mittlere Osten und Südeuropa. Heute wird er vor allem in Indien, Ägypten und in der Türkei angebaut.

▬ MERKMALE: Die einjährige Pflanze wächst etwa 60 cm hoch, hat gefiederte Blätter und blüht weiß-blau. Aus den Blüten bilden sich Samenhüllen, in denen die dunkelbraunen bis schwarzen Samen stecken. Sie sind tropfenförmig und erinnern ein bisschen an Sesamsamen. Die Samen enthalten einen hohen Anteil an Linolsäure, Ölsäure sowie auch Saponine.

▬ VERWANDTE ARTEN: Auch wenn das Gewürz im Deutschen Schwarzkümmel bzw. Zwiebelsamen heißt, ist es botanisch weder mit dem Kümmel noch mit der Zwiebel verwandt.

SCHWARZKÜMMEL **141**

▬▬ MYTHOLOGISCHES: Schon die Leibärzte Tutenchamuns linderten den Husten ihrer Patienten mit Schwarzkümmel. Kleopatra verwandte Schwarzkümmelöl als Badezusatz, Nofretete das Öl für einen königlichen Teint. Auch im antiken Griechenland war die Wirkung von Schwarzkümmel bekannt. Hippokrates verwendete das Naturheilmittel zur Stärkung des Wohlbefindens und bei allgemeiner körperlicher und geistiger Schwäche. Im Alten Testament wird Schwarzkümmel auch erwähnt. Die Juden würzen damit heute noch ihr Schwarzbrot. Sogar Mohammed schwor auf Schwarzkümmel: »Schwarzkümmel heilt jede Krankheit – außer den Tod!«

▬▬ ANWENDUNG IN DER HEILKUNDE: Der hohe Anteil an essentiellen ungesättigten Fettsäuren im Schwarzkümmel wirkt positiv auf viele biochemische Prozesse im Körper. Die Fettsäuren stabilisieren die Zellmembranen, können Immunreaktionen wie Allergien unterbinden, stärken die Abwehr bei Pollen- und Stauballergikern, Asthmatikern, Akne- und Neurodermitis-Patienten. Schwarzkümmel soll ferner eine schleimlösende, galletreibende und menstruationsanregende Wirkung haben.

SCHON PROBIERT?
GURKENSALAT
1 Salatgurke waschen, schälen und sehr fein würfeln. In eine Schüssel geben und salzen. 5 Zweige Minze waschen, trockentupfen, die Blätter von den Stielen zupfen und fein hacken. Zusammen mit 1 TL Schwarzkümmel unter 250 g griechischen Joghurt rühren. Die Joghurtsauce mit den Gurken vermengen und auf Salatblättern angerichtet servieren.

In der Küche

Aroma:

Schwarzkümmel riecht kaum, aber beim Mahlen oder Kauen entwickelt er ein Aroma, das ganz entfernt an Majoran erinnert. Der Geschmack ist aromatisch und ein klein wenig bitter.

Verwendung:

Schwarzkümmel findet überwiegend in der türkischen, orientalischen und indischen Küche Verwendung. Typisch sind die schwarzen Samen auf Fladenbrot. Sie würzen aber auch Gemüsegerichte, Salate, Pickles und Chutneys sowie Lamm- und Geflügelgerichte.

Einkauf/Lagerung:

Als Körner oder auch gemahlen erhalten Sie Schwarzkümmel in türkischen oder asiatischen Lebensmittelgeschäften sowie in Gewürzhandlungen. Schwarzkümmel sollte kühl und dunkel gelagert werden. Die Körner sind den gemahlenen vorzuziehen, denn sie werden nicht so schnell ranzig.

Küchentipps:

Schwarzkümmel entfaltet am besten sein Aroma, wenn er im Mörser zerstoßen oder in einer beschichteten Pfanne ohne Zugabe von Fett geröstet wird.

Schwarzkümmel harmoniert sehr gut mit Chili, Knoblauch, Galgant, Ingwer, Minze, Koriander und Kurkuma.

Ocimum basilicum
Basilikum

Herkunft:
Asien

Essbarer Anteil:

Verwendung:

- **FAMILIE:** Lippenblütler (*Lamiaceae*)

- **SYNONYME:** Basilage, Basilienkraut, Basilkraut, Birnkraut, Braunsilage, Hirnkraut, Hirtenbasilie, Josefskräutlein, Königsbalsam, Königskraut, Krampfkräutel, Nelkenbasilie, Suppenbasil, Deutscher Pfeffer

- **VERWENDUNGSFORMEN:** Blätter, frisch und getrocknet

- **HERKUNFT:** Die Heimat des Basilikums ist Vorderindien, aber schon zur Zeit der Römer wurde in Italien Basilikum angepflanzt. Basilikum wird heute sowohl in den Tropen als auch in den gemäßigten Breiten angebaut. Je intensiver die Sonneneinstrahlung, umso besser das Aroma.

- **MERKMALE:** Basilikum ist eine einjährige Pflanze mit großen, kräftig grünen, ovalen Blättern. Im Spätsommer hat das Kraut weiße oder zartrosa bis lilafarbene Blüten, zusammengefasst als Ähre. Basilikum wird bis zu 50 cm hoch. Der Geruch und Geschmack wird durch eine Vielzahl von ätherischen Ölen bestimmt.

▬ VERWANDTE ARTEN: Die Gattung *Ocimum* besteht aus über 60 verschiedenen Arten. Zum einen lassen sie sich in der Farbe und zum anderen in der Form der Blätter unterscheiden. Die exotischen lilafarbenen Sorten heißen 'Dark Opal' oder 'Purple Delight'. Darüber hinaus gibt es Zitronen-, Zimt- und Anisbasilikum mit unterschiedlichen Aromanuancen, wie ihre Namen schon verraten. Je nachdem welche Küche Sie kochen wollen, brauchen Sie manchmal den würzigen Thai-Basilikum oder den mexikanischen Basilikum.

▬ ANWENDUNG IN DER HEILKUNDE: Basilikum übt eine beruhigende Wirkung auf das Nervensystem aus. Aufgebrühte Basilikumblätter wirken bei Erkältungen schweißtreibend und schleimlösend. Er hat auch eine wohltuende Wirkung bei Magenbeschwerden, Blähungen und Appetitlosigkeit. Bei jungen Müttern regt Basilikum die Milchsekretion an. Früher galt Basilikum als Mittel gegen Schwermut.

Wussten Sie ...

Der Name »Basilikum« leitet sich aus dem Griechischen ab und bedeutet »königlich«. Im deutschsprachigen Raum wird die Pflanze entsprechend auch als Königskraut oder Königsbalsam bezeichnet. In Indien galt Basilikum sogar als heilig und wurde bei religiösen Zeremonien verwendet. Nach Mitteleuropa hat Karl der Große das Kraut gebracht, und es wurde als Heilpflanze in den Klostergärten angebaut.

Schon probiert?

Pesto

2 Bund Basilikum waschen und trockentupfen. Die Blätter von den Stielen zupfen und in Streifen schneiden. 2 EL Pinienkerne in einer Pfanne ohne Fett anrösten und anschließend abkühlen lassen. 3 Knoblauchzehen schälen und fein hacken. Alle Zutaten in ein hohes Gefäß geben und mit einem Pürierstab unter Zugabe von bis zu 1/8 l Olivenöl pürieren. Unter das Pesto 4 EL geriebenen Parmesan rühren.

In der Küche

Aroma:
Basilikum schmeckt süß-würzig und angenehm pfeffrig. Dadurch verleiht es den Speisen ein frisches Aroma.

Verwendung:
Basilikum ist das klassische Gewürz der italienischen Küche. Pesto, Insalata Caprese und Pizza Margherita sind ohne dieses Gewürz nur eine halbe Sache. Basilikum passt besonders gut zu Salaten, Gemüsegerichten und Dips.

Einkauf/Lagerung:
Basilikum gibt es frisch und getrocknet in jedem Supermarkt zu kaufen. Bei frischem Basilikum sollten Sie den mit Wurzeln bevorzugen, er ist meist aromatischer und hält sich besser. Getrockneter Basilikum hat ein weniger intensives und leicht kratziges Aroma. Er sollte dunkel, kühl und luftdicht verschlossen gelagert werden, so ist er über 1 Jahr haltbar.

Küchentipps:
Geben Sie Basilikum erst kurz vor Ende der Garzeit zum Gericht, sonst verliert er zu stark an Aroma.
Basilikum lässt sich gut mit der Küchenschere in Streifen schneiden, zur Dekoration von Suppen und Salaten.
Frischen Basilikum können Sie fein geschnitten mit etwas Wasser gemischt in Eiswürfelbehältern einfrieren und damit warme Speisen würzen.

Origanum majorana
Majoran

Herkunft:
Asien

Essbarer Anteil:

Verwendung:

FAMILIE: Lippenblütler *(Lamiaceae)*

SYNONYME: Gemeiner Dost, Badekraut, Ohrkraut, Müllerkraut, Schusterkraut, Wohlgemutkraut, Costenzkraut, Wurstkraut, Bratenkraut, Mairan, Meiran, Maiwürzkraut

VERWENDUNGSFORMEN: Blätter, frisch und getrocknet

HERKUNFT: Majoran kommt aus der östlichen Mittelmeerregion, wurde aber schon in der Antike im ganzen Mittelmeerraum geschätzt. Er wird heute vor allem in Spanien und Frankreich, aber auch in Deutschland, insbesondere in Thüringen, angebaut. Je intensiver die Sonneneinstrahlung, umso besser das Aroma.

MERKMALE: Eigentlich ist Majoran eine mehrjährige Pflanze. Sie ist aber nicht frostresistent und daher in unseren Breitengraden eher als einjähriges Kraut bekannt. Die Pflanze wächst 20–60 cm hoch, hat einen vierkantigen Stängel und eiförmige, abgerundete, behaarte Blätter. Majoran ist leicht an seiner graufilzigen Behaarung und den weiß-lila Blüten zu erkennen. Der Geruch und Geschmack wird vor allem durch ätherische

Öle, Terpene, Bitter- und Gerbstoffe bestimmt. Die Pflanze wird kurz vor Öffnung der Blüte geerntet.

▬ VERWANDTE ARTEN: Majoran und Oregano sind zwar eng miteinander verwandt, jedoch vertragen sich die beiden Kräuter in der Küche überhaupt nicht. Es gibt nicht nur einen Majoran, auch diese Pflanze hat verschiedene Unterarten wie den goldgefleckten oder goldenen Majoran.

▬ MYTHOLOGISCHES: Ägypter, Griechen und Römer würzten mit Majoran ihren Wein und versprachen sich davon eine Steigerung der Liebeskraft. Die Griechen opferten Majoran als »Weihrauch« zu Ehren von Aphrodite. Der Name »Majoran« stammt möglicherweise aus dem Arabischen (*marjamie* = unvergleichlich).

▄▄ Anwendung in der Heilkunde: Bei den Kräuterweibern des Mittelalters gab es kaum eine Krankheit, die nicht mit Majoran behandelt wurde: von Augenringen und Asthma über Leibschmerzen bis zur Schwindsucht. Heute noch gilt Majoran als magenstärkendes und krampfstillendes Mittel. Aufgrund seiner verdauungsfördernden Wirkung eignet sich Majoran besonders bei fetten Speisen wie Gans und Schmalz.

Schon probiert?

Himmlisches Apfelbett

2 Zwiebeln in feine Scheiben schneiden und in Butter glasig dünsten. 300 g Jagdwurst in Würfel schneiden, dazugeben und mitbraten. 400 g Äpfel schälen, vom Kerngehäuse befreien, in dicke Schnitze schneiden und ebenfalls in Butter andünsten. Je 3 EL Rosinen und Honig zugeben und mit Salz und Pfeffer würzen. 1 Zweig Majoran waschen, Blättchen abzupfen und fein hacken. Die Apfelmischung auf Teller geben, die gebratene Jagdwurst darauf anrichten und mit Majoran bestreuen.

In der Küche

Aroma:
Majoran schmeckt würzig, leicht herb und ist besonders aromatisch. Er hat einen intensiven Geruch.

Verwendung:
Majoran ist das klassische Wurstkraut, besonders gilt dies für Blutwurst und Thüringer Bratwürste. Er passt aber auch ausgezeichnet zu weißen Bohnen, Erbseneintopf, Kartoffelsuppe, Sauerkraut, gehacktem Fleisch, Hammel- und Schweinefleisch, Fleischpastete und als Füllmasse für Gans. Ebenso verfeinert Majoran Salate, verschiedene Gemüsegerichte, Käsespeisen, Knödel und Bratkartoffeln. Majoran ist Bestandteil des Klassikers Hamburger Aalsuppe.

Einkauf/Lagerung:
Majoran finden Sie getrocknet und manchmal auch frisch im Supermarkt. Frischen Majoran sollten Sie mit feuchtem Küchenpapier einschlagen und in einen Gefrierbeutel geben. Er hält sich so 3–4 Tage im Gemüsefach des Kühlschranks. Getrockneter Majoran sollte dunkel, kühl und luftdicht verschlossen gelagert werden.

Küchentipps:
Majoran harmoniert gut mit Thymian, Lorbeer und Wacholder. Er sollte kurz mit den Gerichten mitkochen, dann entwickelt er am besten sein volles Aroma.

Origanum vulgare
Oregano

Herkunft:
Europa

Essbarer Anteil:

Verwendung:

■ FAMILIE: Lippenblütler *(Lamiaceae)*

■ SYNONYME: Dost, Wintermajoran, Wilder Majoran, Kostets

■ VERWENDUNGSFORMEN: Blätter, frisch und getrocknet

■ HERKUNFT: Oregano ist in der Mittelmeerregion heimisch und kann in den gesamten mittleren Breiten angebaut werden. Je intensiver die Sonneneinstrahlung, umso besser das Aroma.

■ MERKMALE: Oregano ist ein buschiges, blattreiches Kraut. Es wird bis zu 60 cm hoch. Seine vielen eiförmigen, zugespitzten Blätter werden 1–4 cm lang. Die blassrosa bis weißlichen, glockenförmigen Blütenkelche stehen in köpfchenförmigen Scheinähren zusammen. Der Geruch und Geschmack wird vor allem durch die ätherischen Öle Carvacrol und Thymol bestimmt und ähnelt dem von Majoran.

■ VERWANDTE ARTEN: Oregano und Majoran sind enge Verwandte, vertragen sich in der Küche jedoch überhaupt nicht.

Mexikanischer Oregano ist nur sehr weitläufig mit dem hiesigen Oregano verwandt, obwohl sie sich im Geschmack sehr ähneln. Die Pflanze *(Lippia graveolens)* ist dagegen eng mit der hiesig kultivierten Zitronenverbene verwandt.

▬ MYTHOLOGISCHES: Der Oregano soll von der griechischen Göttin Aphrodite als Symbol der Freude geschaffen worden sein. Brautpaare wurden mit Oregano bekränzt, und später galt das Kraut als sicheres Mittel, um die Liebe des Bräutigams zu festigen.

154 Origanum vulgare

■ ANWENDUNG IN DER HEILKUNDE: In der Volksmedizin wird Oregano bei Blähungen, Durchfall und Magenschmerzen eingesetzt. Er regt den Appetit an, soll bei Menstruationsbeschwerden und bei Mund- und Rachenentzündungen helfen. Oregano hat desinfizierende und antibakterielle Eigenschaften, die besonders bei Husten und Atemwegserkrankungen zum Tragen kommen.

PIZZAGEWÜRZMISCHUNG

Oregano ist die Hauptzutat bei jeder Pizzagewürzmischung; neben diesem Gewürz enthält die Mischung Paprika, Pfeffer, Thymian oder auch Salz und Chili. Pizzagewürzmischungen sollten luftdicht verschlossen aufbewahrt werden, mit ihr lassen sich nicht nur Pizzen, sondern auch Pastasaucen würzen.

SCHON PROBIERT?

RUMPSTEAK MIT TOMATE UND MOZZARELLA

2 Rumpsteaks in einer Pfanne mit etwas Olivenöl von beiden Seiten braten, dabei mit Salz und groben Pfeffer würzen. 1 Tomate waschen, trockentupfen, Stielansatz entfernen und in Scheiben schneiden. Eine 1/2 Kugel Mozzarella in Scheiben schneiden. 2 Zweige frischen Oregano waschen, trockentupfen und fein hacken. Die Tomatenscheiben auf den beiden fast fertig gebratenen Steaks verteilen. Mit Oregano würzen und mit Mozzarellascheiben abdecken. Die Pfanne mit einem Deckel verschließen und weiterbraten, bis der Käse zerläuft. Auf Toastbrot serviert – eine komplette Mahlzeit.

In der Küche

Aroma:

Oregano schmeckt würzig, leicht süßlich und angenehm frisch. Es hat einen intensiven Geruch.

Verwendung:

Oregano ist das klassische Gewürz für Pizza und Pasta mit fruchtigen und würzigen Saucen. Ebenso gut passt er zu Gemüse wie Aubergine, Zucchini und Paprika, aber auch zu Kartoffelgerichten, Schweine- und Rinderbraten.

Einkauf/Lagerung:

Oregano gibt es getrocknet und manchmal auch frisch im Supermarkt zu kaufen. Oregano sollten Sie mit feuchtem Küchenpapier einschlagen und in einen Gefrierbeutel geben. Er hält sich so 3–4 Tage im Gemüsefach des Kühlschranks. Getrockneter Oregano ist im Aroma intensiv. Er sollte dunkel, kühl und luftdicht verschlossen gelagert werden.

Küchentipps:

Oregano harmoniert gut mit Rosmarin und Thymian, nur seinen nahen Verwandten, den Majoran, mag er nicht.

Oregano ist getrocknet ebenfalls ein aromatisches Gewürz und sollte kurz mit den Gerichten mitkochen, dann entwickelt er am besten sein volles Aroma.

In Mexiko wird Oregano auch unter Chilipulver gemischt, um damit Chili con carne zu würzen.

Papaver somniferum
Mohn

Herkunft:
Asien

Essbarer Anteil:

Verwendung:

Eigenschaft:
!

▰ FAMILIE: Mohngewächse *(Papaveraceae)*

▰ SYNONYME: Mohnsamen, Schlafmohn, Blaumohn

▰ VERWENDUNGSFORMEN: Samen, getrocknet, ganz oder gemahlen

▰ HERKUNFT: Schlafmohn stammt vermutlich aus Kleinasien bzw. dem Mittelmeerraum. Durch seine frühe Kultivierung in der Jungsteinzeit ist eine genaue Herkunft nur schwer zu ermitteln. Heute wird Schlafmohn vorwiegend in der Türkei, in Griechenland und Indien angebaut, aber auch in Holland, Ostfriesland, Baden und Württemberg.

▰ MERKMALE: Die krautige, einjährige, 70–120 cm hohe Pflanze hat blaugrüne Blätter und blüht weiß-violettrötlich. Aus der Blüte bildet sich eine walnussgroße Kapsel, in ihr befinden sich die blaugrauen, runden Mohnsamen. Mohn ist reich an Linolsäure und enthält im Vergleich zum Pflanzensaft nur minimale Mengen an Opiaten.

- **VERWANDTE ARTEN**: Verwandt ist der Schlafmohn mit dem heimischen Klatschmohn, der weniger giftig ist.

- **MYTHOLOGISCHES**: Die griechische Göttin Demeter hält häufig in Darstellungen eine Mohnblume in der Hand. Um sie und den Mohn ranken sich verschiedene Sagen. Opium oder die »Mohnträne«, wie man im Altertum sagte, ist etwa seit dem 3. oder 4. Jh. v. Chr. im Mittelmeerraum in Gebrauch. Schon vorher kannte man einen Extrakt aus den Blättern der Mohnpflanze, der meist als Mekonium bezeichnet und später durch das stärker wirksame Opium verdrängt wurde. Dioskurides und Plinius beschreiben beide Zubereitungen und deren Wirkungen genau. Die Briten führten wegen des aus dem Mohnsaft gewonnenen Opiums zwei Kriege in China, das den Opiumexport verbieten wollte.

■ ANWENDUNG IN DER HEILKUNDE: Die Opiate dienen in der Medizin als Schmerzmittel. Die Griechen und Römer verwendeten Mohnsaft als Schlaf- und Magenmittel. Der Gattungsname *Papaver* leitet sich wahrscheinlich vom lateinischen Wort *papa* = Kinderbrei ab, denn Mohn wurde in den Brei von unruhigen Kindern gegeben, um diese zu beruhigen. Der Artname *somniferum* deutet auf die schlafbringende Wirkung hin (lat. *somniferum* = schlafbringend).

SCHON PROBIERT?

MOHNZOPF

500 g Mehl in eine Schüssel sieben und eine Mulde hineindrücken. 1 Päckchen Trockenhefe mit 80 g Zucker hinzufügen. Etwas Salz, 2 Eier und 1/8 l lauwarme Milch an den Rand geben. Mit den Knethaken einer Küchenmaschine zu einem glatten Teig verarbeiten. Diesen abgedeckt an einem warmen Ort gehen lassen, bis er sein Volumen fast verdoppelt hat.

Für die Füllung 1/8 l Milch mit 125 g Zucker und 125 g Mohn bei mittlerer Hitze unter ständigen Rühren etwa 5 Minuten kochen. 100 g Rosinen und etwas abgeriebene Zitronenschale untermengen.

Den Teig auf einer bemehlten Arbeitsfläche kräftig durchkneten, zu einem Rechteck von 30 x 40 cm ausrollen. Die Füllung darauf verteilen. Den Teig von der längeren Seite aufrollen. Ein Blech mit Butter einfetten und mit etwas Mehl bestäuben. Die Teigrolle auf das Blech setzen und mit Milch bestreichen. Die Oberfläche mit einem Messer im Zickzack einschneiden. Der Mohnzopf zugedeckt etwa 1 Stunde gehen lassen, im vorgeheizten Backofen auf der unteren Schiene bei 200° C etwa 45 Minuten backen.

In der Küche

Aroma:
Mohn riecht kaum, schmeckt nussig und ein bisschen herb.

Verwendung:
In der europäischen Küche wird Mohn hauptsächlich zum Backen verwendet. Er passt zu pikanten Backwaren wie Brötchen, Brot und Kräckern sowie zu süßen Leckereien wie Kuchen, Strudel, Striezel und Germknödel. Weißer Mohnsamen wird vor allem in der indischen Küche für Chutneys und Saucen eingesetzt.

Einkauf/Lagerung:
Mohn finden Sie bei den Backzutaten in jedem gut sortierten Lebensmittelgeschäft. Er sollte kühl und trocken lagern. Es werden die ganzen Körner sowie die gemahlenen Samen in einer Backmasse fertig zubereitet angeboten. Wenn Sie keine Mohnmühle besitzen, ist dem Backmohn für Füllungen der Vorzug zu geben.

Küchentipps:
Mohn sollte in einer speziellen Mohnmühle gemahlen werden, so entwickelt sich sein volles Aroma am besten aus und die Fettsäuren können besser vom Organismus verwertet werden.

Wichtiger Hinweis:
Mohnsamen sind zwar nicht giftig, doch enthalten sie auch in kleinen Mengen Opiate. So sollten sich Kleinkinder nicht unbedingt mit Mohnkuchen voll stopfen.

Pimenta dioica
Piment

Herkunft:
Amerika

Essbarer Anteil:

Verwendung:

Eigenschaft:
!

▬ FAMILIE: Myrtengewächse *(Myrtaceae)*

▬ SYNONYME: Nelkenpfeffer, Jamaikapfeffer, Neugewürz, Allgewürz

▬ VERWENDUNGSFORMEN: Samen, getrocknet, ganz oder gemahlen

▬ HERKUNFT: Der Pimentbaum stammt aus Mittelamerika und von den Westindischen Inseln, wo er auch heute noch vorwiegend kultiviert wird. Der beste Piment soll aus Jamaika kommen, das rund zwei Drittel des Weltbedarfs liefert.

▬ MERKMALE: Der immergrüne, schlanke Pimentbaum wird 6–12 m hoch und kann bis zu 100 Jahre alt werden. Im siebten Jahr trägt er erstmals Früchte. Der Ertrag eines Pimentbaums kann in einem guten Jahr bei 45 kg liegen. Die Beeren bilden sich aus den kleinen weißen Blüten und werden noch vor der Reife geerntet. Die Beeren werden fermentiert und getrocknet, dadurch schrumpft die Frucht und es entsteht die faltige, ledrige, braune Haut. Das Aroma wird bestimmt durch die ätherischen Öle und vor allem durch das Eugenol.

▬ Verwandte Arten: Der Pimentbaum ist botanisch eng mit dem Gewürznelkenbaum verwandt.

▬ Mythologisches: Vermutlich kannten die Azteken und Mayas schon dieses Gewürz, verwandten es auch für kultische Zwecke und würzten ihre Schokolade mit Piment.

▬ Anwendung in der Heilkunde: Das Pimentöl soll Koliken und Blähungen mildern, die zerstoßenen und gekochten Samen sollen auf einem Tuch aufgetragen und auf die schmerzende Stelle gelegt gegen Rheuma und Neuralgien helfen.

Schon probiert?

Nürnberger Lebkuchen

100 g getrocknete Aprikosen in Stücke schneiden. 150 g Rübensirup mit 50 g Farinzucker, je 2 EL Öl und Wasser in einem Topf unter Rühren erwärmen. Das Ganze abkühlen lassen. Inzwischen 1 Eigelb, 1 TL Kakao, 1 TL abgeriebene Zitronenschale, 1 Messerspitze gemahlenen Piment, 1/2 TL gemahlenen Zimt mit den Knethaken unter die Zuckermasse rühren. 250 g Mehl, 2 TL Natron, 80 g gemahlene Haselnüsse und 80 g gemahlene Mandeln sowie 50 g gewürfeltes Orangeat und die Aprikosen unter den Teig kneten. Den Backofen auf 175° C vorheizen. Den Teig etwa 1/2 cm dick ausrollen. Runde Plätzchen von 7 cm Durchmesser ausstechen und auf ein mit Backpapier ausgelegtes Blech setzen. Auf der mittleren Schiene etwa 15 Minuten backen. Inzwischen aus 200 g Puderzucker, 1 Eiweiß und 2 EL Zitronensaft einen Guss herstellen. Die Lebkuchen etwas auskühlen lassen und den Guss auf die Plätzchen streichen.

In der Küche

Aroma:
Piment riecht nach Gewürznelken mit einem Hauch von Zimt und Muskat. Im Geschmack ist er jedoch pfeffrig scharf.

Verwendung:
Pimentkörner würzen Marinaden für Wild, Rindfleisch und Fisch. Gurken, Mixed Pickles und Kohlgerichte vertragen ebenfalls gut etwas Piment. Auch Leberknödel, Wildpastete und Sauerkraut. Gar unentbehrlich ist es für Aachener Printen und Spekulatius. Liköre wie Stonsdorfer, Chartreuse und Benediktiner enthalten Auszüge von Piment.

Einkauf/Lagerung:
Piment können Sie als Körner oder gemahlen in jedem gut sortierten Lebensmittelgeschäft kaufen. Die Körner halten bei richtiger Lagerung bis zu 3 Jahre, das Pulver verliert schnell an Aroma. Bewahren Sie daher Piment trocken, dunkel und luftdicht verschlossen auf.

Küchentipps:
Das volle Aroma entwickelt sich erst, wenn Sie Piment im Mörser zerstoßen oder in einer Pfeffermühle zermahlen.
Piment harmoniert sehr gut mit Muskat, Nelke, Pfeffer sowie Zitrone und Essig.

Wichtiger Hinweis:
Schwangere sollten sich weder mit Pimentöl einreiben noch das Gewürz als Raumduft verwenden. Es ist stark wehenauslösend und kann somit eine Fehlgeburt hervorrufen.

Pimpinella anisum
Anis

Herkunft:
Asien

Essbarer Anteil:

Verwendung:
✕ ♞

▬ FAMILIE: Doldenblütler *(Apiaceae)*

▬ SYNONYME: Anissamen, Süßer Kümmel, Brotsamen, Anais

▬ VERWENDUNGSFORMEN: Samen, getrocknet, ganz oder gemahlen

▬ HERKUNFT: Vermutlich kommt die Anispflanze aus dem Orient und wurde schon in der Antike in den Mittelmeerländern kultiviert. Da Anis sehr viel Sonne braucht, um seinen typischen Geschmack zu entwickeln, wird die Pflanze heute vor allem in den südlichen Ländern Europas, aber auch in Indien, Mittel- und Südamerika angebaut.

▬ MERKMALE: Die Anispflanze wächst bis zu 60 cm hoch und hat tiefgespaltene, runde Blätter. Aus den Dolden mit den weißen Blüten entwickeln sich die Doppelspaltfrüchte. Die Samen sind 3–6 mm lang, etwa 2 mm breit und leicht sichelförmig. Je nach Herkunft sind sie hellgraugrün oder graubräunlich. Zur Reifezeit wird die Pflanze geschnitten und anschließend gedroschen. Die Samen werden dann eventuell noch getrocknet.

■ VERWANDTE ARTEN: Anis ist mit Fenchel, Kümmel, Koriander und Dill botanisch eng verwandt.

■ MYTHOLOGISCHES: Bereits vor 3500 Jahren kannte man Anis als Würz- und Heilmittel. Die Ägypter verwendeten die Blätter und Samen. Anis breitete sich über das gesamte Mittelmeergebiet aus und gelangte durch Mönche zur Zeit Karls des Großen nach Mittel- und Nordeuropa. Ein paar Körner nach der Mahlzeit zu essen war im Orient eine weit verbreitete Sitte, und die Römer verspeisten einen speziellen Aniskuchen als Nachtisch, dieser sollte den Atem erfrischen und der Verdauung dienlich sein. In der Antike galten die Samen als Schönheitsmittel für die Haut. Auch eine potenzsteigernde Wirkung wurde dem Anis nachgesagt.

■ ANWENDUNG IN DER HEILKUNDE: Anis fördert die Produktion von Gallenflüssigkeit. Damit wirkt Anis besonders bei fetthaltigen Speisen verdauungsfördernd, mildert Blähungen und hilft bei Koliken. Bei Husten wirkt Anis reizstillend und schleimlösend, regt Herz und Atmungsorgane an und wirkt beruhigend auf die Nerven. Anis fördert die Milchproduktion bei jungen Müttern. Anisöl vertreibt Läuse und Krätzmilben. Die ätherischen Öle lösen eine Muskellähmung bei den Parasiten aus. Dies bewirkt den schnellen Tod der lästigen Tierchen.

Schon probiert?

Anismakronen

Den Backofen auf 100° C vorheizen. 2 Eiweiße mit den Schneebesen eines Handrührgerätes auf höchster Stufe steif schlagen. 100 g feinen Zucker dabei nach und nach einrieseln lassen. 3 EL unbehandelte geriebene Zitronenschale und 1 TL gemahlenen Anis unter den Eischnee heben. Die Baisermasse in einen Spritzbeutel mit Sterntülle füllen und auf ein mit Backpapier ausgelegtes Blech kleine Häufchen spritzen. Etwa 1 1/2 Stunden auf mittlerer Schiene backen. Auf einem Kuchengitter auskühlen lassen.

In der Küche

AROMA:

Anis riecht angenehm süßlich und aromatisch. Das Gewürz schmeckt würzig und frisch.

VERWENDUNG:

Anis würzt vor allem Weihnachtsgebäck, aber auch Brot und Kuchen. Auch Süßspeisen wie Obstsalate, Apfel- und Birnenkompott, Milch- und Grießspeisen sowie Pflaumenmus werden mit Anis verfeinert. Liköre wie Pastis, Anisette, Ouzo, Arrak, Pernod, Ricard und Sambuco erhalten ihr lakritzähnliches Aroma durch den Anis.

EINKAUF/LAGERUNG:

Anis erhalten Sie als ganze Samen oder gemahlen in jedem gut sortierten Lebensmittelgeschäft. Trocken, kühl, dunkel und luftdicht verschlossen aufbewahrt hält Anis sein Aroma etwa 1 Jahr.

KÜCHENTIPPS:

Anissamen sollten Sie vor der Verwendung in einem Mörser zerstoßen, dann entwickeln sie ihr volles Aroma.

Anis ist sehr aromatisch, gehen Sie beim Kochen und Backen mit ihm daher sparsam um.

Anis ist ein Einzelgängergewürz, das sich schlecht mit anderen stark aromatischen Gewürzen verträgt.

Piper nigrum
Pfeffer

Herkunft:
Asien

Essbarer Anteil:

Verwendung:

Eigenschaft:
!

- FAMILIE: Pfeffergewächse *(Piperaceae)*

- SYNONYME: Pfefferkörner

- VERWENDUNGSFORMEN: Frucht, eingelegt, getrocknet und gemahlen

- HERKUNFT: Pfeffer hat seine Wiege in den Monsunwäldern Indiens. Heute sind die wichtigsten Anbauländer für Pfeffer Indien, Indonesien, Malaysia und Brasilien.

- MERKMALE: Pfeffer sind die Beeren einer immergrünen Kletterpflanze. Die Wildpflanze rankt bis zu einer Höhe von 9 m, in Kultur wird sie bei 4 m gestutzt, damit die Ernte einfacher ist. Nach etwa 8 Jahren hat der Pfefferstrauch die Vollreife erlangt und liefert nun rund 20 Jahre lang Beeren. Aus dem kolbenartigen Blütenstand bilden sich die Früchte an Rispen, die von der Form her an rote Johannisbeeren erinnern. Je nach Reifegrad sind die Beeren grün oder rot. Und je nachdem, um was für einen Pfeffer es sich handeln soll, werden sie im unterschiedlichen Reifegrad gepflückt und anschließend weiterbehandelt. Das Alkaloid Piperin verursacht den scharfen Geschmack.

Pfeffer **169**

▬ Anwendung in der Heilkunde: Pfeffer ist mit seiner Schärfe ein Gewürz, dass den Körper erwärmt. Er wirkt stoffwechsel- und verdauungsförderlich, da er den Speichelfluss und die Magensaftbildung anregt. Dadurch ist Pfeffer appetitanregend und hilft gegen Blähungen. Das in Pfeffer enthaltene Piperin wird in einigen Magentonika und Magenarzneien verwendet.

Wussten Sie ...

Nach dem Speisesalz sind die feurigen Pfefferkörner das beliebteste und meistverwendete Gewürz in deutschen Haushalten. Pfeffer ist heutzutage relativ preiswert zu haben. Das war nicht immer so. Im Mittelalter wurde Pfeffer mit Gold aufgewogen. Doch die Geschichte dieses Gewürzes beginnt viel früher. Schon im antiken Griechenland wusste man um die appetitanregende Wirkung des Pfeffers, zur Römerzeit war er ein Prestigeobjekt. Nur betuchte Leute konnten damals ihre Speisen mit dem scharfen Gewürz geschmacklich verfeinern. Im alten Rom wurden die Personen, die durch den Gewürzhandel verdienten, als »Pfeffersäcke« tituliert, weil sie häufig durch »gepfefferte« Rechnungen zu ihrem Reichtum kamen. Da Pfeffer von weither kommt, entwickelte sich die Redenart für unliebsame Zeitgenossen: »Geh hin, wo der Pfeffer wächst!«

DIE PFEFFERSORTEN

Grüner Pfeffer: Hierbei handelt es sich um die unreif geernteten Körner, die sofort nach der Ernte in Salz- oder Essiglake eingelegt oder in einem besonderen Verfahren gefriergetrocknet werden. Grüner Pfeffer ist äußerst aromatisch und vielseitig zu verwenden. Eingelegtes Gemüse erhält durch diesen milden Pfeffer eine spezielle Note, aber auch bei lang garenden Fleischgerichten wie Wild-, Lamm- oder Schweinebraten ist er gut zu verwenden. Da grüner Pfeffer weich ist, können Sie ihn auch für Pasten, Marinaden und Brotaufstriche nutzen. Erdbeeren mit grünem Pfeffer sind ein kulinarisches Ereignis, das Sie sich nicht entgehen lassen sollten.

Schwarzer Pfeffer: Auch hierbei handelt es sich um unreif geerntete, grüne Beeren, die nach dem Pflücken in der Sonne trocknen und dabei schwarz und hart werden. Die Würze ist scharf und brennend. Benutzen Sie schwarzen Pfeffer zu Saucen, Suppen und Marinaden, zu gebratenem und gegrilltem Fleisch, zu Ragouts und zu Eintopfgerichten, aber auch zu Wild, Fleischfüllungen und Pastagerichten.

Weißer Pfeffer: Dies sind die roten, vollreif geernteten Beeren, die etwa eine Woche gewässert werden, bevor die Fruchthaut entfernt wird. Dann trocknen die Körner in der Sonne und erhalten ihre typische gelbweiße Farbe. Feiner und milder als die übrigen Pfeffersorten, passt er gut zu Salaten, würzigen Quarkspeisen, hellen Saucen und Fisch.

172 Piper nigrum

Langer Pfeffer: Er gehört ebenfalls zur Familie der *Piperaceae.*
Es handelt sich dabei um ein tropisches Klettergewächs mit etwa
3 cm langen Ähren in Zapfenform, welche durchs Trocknen
hellbraun werden. Er ist so scharf wie schwarzer Pfeffer, aber
etwas süßlich und gleichzeitig säuerlicher im Geschmack. Vor
dem Gebrauch muss er zermahlen oder im Mörser zerstoßen
werden.

WICHTIGER HINWEIS:
Verwenden Sie den rosa Pfeffer sparsam und halten Sie die mit den Beeren gefüllten Aufbewahrungsbehälter
von kleinen Kindern fern. In großen
Mengen gegessen, wirken diese giftig.

Rosa Pfeffer: Er gehört eigentlich nicht zu
den echten Pfefferarten, sondern stammt
von dem brasilianischen Pfefferbaum ab, der
in ganz Südamerika beheimatet ist. Die nicht
ganz reifen rosafarbenen Beeren werden aber
genauso verarbeitet wie der schwarze Pfeffer.
Der Geschmack ist eher süßlich, aromatisch-
würzig und nur leicht scharf.

KÜCHENTIPPS
Zwei Faustregeln: Weißer Pfeffer an helle Speisen, schwarzer an dunkle. Ganze Pfefferkörner mitkochen, gemahlenen Pfeffer erst zum Schluss zum Gericht geben.
Das Beißen auf Pfefferkörner kann unangenehm sein.
Daher sollten Sie ganze Pfefferkörner in einem Stoffsäck-
chen oder Teebeutel mitkochen lassen und vor dem Servieren aus der Speise entfernen.

In der Küche

Aroma:
Pfeffer riecht kaum und hat einen pfeffrigen Geschmack, damit ist eine aromatische Schärfe und ein leichtes Brennen gemeint.

Verwendung:
Pfeffer ist neben Salz das Universalgewürz in der europäischen und auch nordamerikanischen Küche. Er würzt eigentlich alle pikanten Gerichte. Der grüne Pfeffer würzt darüber hinaus auch süße Desserts wie Obstsalat, Erdbeeren und Schokoladenspeisen.
Schwarzer Pfeffer ist auch Bestandteil vieler Gewürzmischungen wie z. B. von Curry und Quatre épices. Außerdem wird aus ihm die Pfefferöl-Essenz gemacht, welche vor allem in der Parfüm- und Lebensmittelindustrie eingesetzt wird.

Einkauf/Lagerung:
Pfeffer können Sie als ganze Körner oder gemahlen im Lebensmittel-Discounter kaufen. Kühl, dunkel und luftdicht verschlossen bleibt das Aroma der Pfefferkörner bis zu 3 Jahre erhalten. Ein geöffnetes Glas grüner Pfefferkörner sollte im Kühlschrank gelagert werden und hält dann noch etwa 4–6 Wochen.

Rhus coriaria
Sumach

Herkunft:
Europa, Asien

Essbarer Anteil:

Verwendung:

FAMILIE: Sumachgewächse *(Anacardiaceae)*

SYNONYME: Sumak, Sizilianischer Zucker, Gewürzsumach, Färberbaum, Gerbersumach, Essigbaum

VERWENDUNGSFORMEN: Früchte, getrocknet, ganz oder gemahlen

HERKUNFT: Der Sumach-Strauch wächst wild in der ganzen Mittelmeerregion. Besonders verbreitet ist er heute im Iran, in der Türkei, in Syrien und dem Libanon.

MERKMALE: Sumach sind die getrockneten, roten Früchte des bis zu 3 m hohen Strauches. Sie entwickeln sich aus den kleinen gelben Blüten, die in einer Rispe zusammengefasst sind. Äste und Blätter sind behaart und haben ebenfalls eine leichte Rotfärbung. Nach der Ernte werden die Früchte getrocknet und gemahlen. Sie enthalten Tannin und Fruchtsäuren.

ANWENDUNG IN DER HEILKUNDE: Sumach soll Blutungen lindern können und hilft bei Durchfall. Schon die alten Römer haben Sumach als Säuerungsmittel geschätzt.

In der Küche

Aroma:
Sumach schmeckt leicht säuerlich, erfrischend und ein kleines bisschen harzig.

Verwendung:
Sumach ist ein beliebtes Gewürz in der syrischen, libanesischen und türkischen Küche. Es ist dort ein übliches Tischgewürz. Auch bei uns werden manchmal Kebabs damit gewürzt. Grillfleisch, Geflügel und Fisch werden damit eingerieben, das Pulver wird aber auch in Joghurtdips eingerührt und auf Salate gestreut. Es würzt Reis und Hülsenfrüchte.

Einkauf/Lagerung:
Sumach bekommen Sie als getrocknete Früchte wie auch gemahlen in türkischen Lebensmittelgeschäften und im Gewürzladen. Luftdicht verschlossen, kühl und dunkel sollte er gelagert werden.

Küchentipps:
Aus Sumach lässt sich eine säuerliche Grillmarinade herstellen, indem Sie das Pulver oder die Beeren mit heißem Wasser übergießen. In dem abgekühlten Sud lässt sich Geflügel ausgezeichnet marinieren.

Rosmarinus officinalis
Rosmarin

Herkunft:
Europa

Essbarer Anteil:

Verwendung:

▬ FAMILIE: Lippenblütler *(Lamiaceae)*

▬ SYNONYME: Meertau, Brautkraut, Kranzkraut, Weihrauchkraut, Balsamstrauch, Marienkraut

▬ VERWENDUNGSFORMEN: Blätter, frisch und getrocknet

▬ HERKUNFT: Rosmarin kommt aus der Mittelmeerregion, wo er heute noch wild wächst. Er wird überwiegend in Spanien, Frankreich, Nordafrika und den USA angebaut. Auch bei uns findet man Rosmarin in vielen privaten Gemüsegärten. Rosmarin liebt die Sonne und mag es nicht zu nass. Je intensiver die Sonneneinstrahlung, umso besser das Aroma.

▬ MERKMALE: Rosmarin ist ein immergrüner Halbstrauch, der keinen Frost mag. Er kann bis zu 1,5 m hoch werden, in der Regel ist er aber als kniehoher Strauch zu finden. Die schmalen, blaugrünen Blätter duften harzig und erinnern auch ein bisschen in ihrer Form an Tannennadeln. Rosmarin hat kleine lilafarbende Blüten, die in Büscheln zusammenstehen. Geschmack und Aroma werden von den ätherischen Ölen, Gerb-, und Bitterstoffen, Harzen, Flavonoiden, Saponinen bestimmt.

ROSMARIN 177

■ MYTHOLOGISCHES: Rosmarin war in der Antike bei den Ägyptern, Griechen und Römern ein heiliges Kraut. Allgemein galt Rosmarin als Sinnbild für Treue und Verlässlichkeit, er sollte das Gedächtnis stärken und war daher das Symbol der Treue für Liebende. Im alten Griechenland trugen die Schüler Rosmarinkränze zur Förderung der Lernfähigkeit. Auch Geister sollte der Rosmarin abwehren. Zur Luftreinigung wurde er in Krankenzimmern verbrannt. In Pestzeiten sollte ein Säckchen mit Rosmarin um den Hals getragen eine Ansteckung verhindern.

■ ANWENDUNG IN DER HEILKUNDE: Rosmarin wirkt ausgleichend auf Nerven und Kreislauf, hilft bei Erschöpfung, Magenbeschwerden und Kopfschmerzen. Als Salbe wirkt Rosmarin bei Rheuma, Nervenentzündungen und Krämpfen. Das Gewürz regt die Gallen- und Magensaftproduktion an.

Wussten Sie ...

Ros und *marinus* bedeutet wörtlich aus dem Lateinischen übersetzt »Tau« und »Meer«. Rosmarin ist der Göttin Aphrodite geweiht und galt als Fruchtbarkeitssymbol. Ein Zweig Rosmarin wurde in die Wiege gelegt und als Hochzeitskranz getragen. Liebespaare steckten einen Rosmarinzweig in die Erde, wuchs er an, verhieß dies ein langes gemeinsames Liebesglück.

Schon probiert?

Rosmarinöl

3–4 Zweige frischen Rosmarin geben Sie in eine sterilisierte 0,5-l-Flasche. Diese füllen Sie mit einem hochwertigen Öl, z. B. einem Olivenöl, auf. Nach etwa 2 Wochen hat das Öl das Aroma angenommen. Sie können das Öl geschmacklich auch um eine geschälte Knoblauchzehe, einige Piment- und Pfefferkörner erweitern.

Rosmarinessig

Auch bei Rosmarinessig geben Sie einige Zweige in eine sterilisierte Flasche. Einen milden Essig, wie einen Weißwein- oder Sherryessig, erhitzen Sie kurz und gießen ihn auf die Zweige, sodass sie bedeckt sind. Nach etwa 3 Wochen seihen Sie den Essig ab. Sie können ihn dann zum Würzen von Salaten oder auch zum Ablöschen von Bratensatz verwenden.

In der Küche

Aroma:
Rosmarin schmeckt harzig und würzig, frisch riecht er äußerst aromatisch. Getrocknet schmeckt er schnell etwas bitter und herb und sollte daher sparsam eingesetzt werden.

Verwendung:
Rosmarin ist ein klassisches Gewürz der mediterranen Küche, aber auch in der mitteleuropäischen Küche stößt er auf große Akzeptanz. Er würzt Lamm, Wild, Schweinfleisch und Geflügel. Er passt aber auch ausgezeichnet zu fruchtigem Gemüse wie Tomaten, Auberginen, Zucchini sowie zu Buschbohnen, Kartoffeln und Hülsenfrüchten.

Einkauf/Lagerung:
Rosmarin gibt es frisch und getrocknet in jedem Supermarkt zu kaufen. Frische Rosmarinzweige sollten Sie mit feuchtem Küchenpapier einschlagen und in einen Gefrierbeutel geben. So hält er sich über 1 Woche im Kühlschrank, er lässt sich aber auch gut einfrieren. Getrocknet sollte er dunkel, kühl und luftdicht verschlossen gelagert werden.

Küchentipps:
Rosmarin sollte frühzeitig zum Gericht gegeben werden. Vor dem Servieren die Zweige entfernen. Frische Rosmarinzweige eignen sich auch als Spieße für Fleisch und Gemüse. Rosmarin harmoniert mit Knoblauch und Thymian.

Ruta graveolens
Weinraute

Herkunft:
Europa

Essbarer Anteil:

Verwendung:

Eigenschaft:

FAMILIE: Rautengewächse *(Rutaceae)*

SYNONYME: Gartenraute, Raute, Edelraute, Gertrudenkraut, Gnadenkraut, Totenkraut, Flohkraut, Poleiminze

VERWENDUNGSFORMEN: Blätter, frisch und getrocknet

HERKUNFT: Die Weinraute ist eine typische Pflanze der Macchia des Mittelmeerraumes. Nicht ganz klar ist, ob bereits die Römer oder erst die Benediktiner im Mittelalter die Weinraute in unsere Breiten brachten. Auch heute ist sie noch ausgewildert bei uns zu finden.

MERKMALE: Die Weinraute ist ein etwa 50 cm hoher Halbstrauch. Die Blätter sind gefiedert und blaugrünlich. Die Pflanze blüht in gelben kleinen Blüten, die als Rispen zusammengefasst sind. Typisch für das Aroma sind eine Vielzahl von ätherischen Ölen, Gerb- und Bitterstoffen sowie Harzen.

ANWENDUNG IN DER HEILKUNDE: Weinraute soll bei Augenerkrankungen und Kopfschmerzen helfen. In der alternativen Medizin wird sie bei Venenentzündungen empfohlen.

In der Küche

Aroma:
Weinraute schmeckt würzig, leicht sauer und etwas bitter.

Verwendung:
Sparsam verwendet, würzt die Weinraute Salate, Fleisch- und Käsegerichte, Hülsenfrüchte, Spinat, Wirsing, Pilze sowie gekochten Fisch. Sie ist auch eine klassische Zutat des Grappas.

Einkauf/Lagerung:
Getrocknete Weinraute bekommen Sie nur in der Apotheke. Frisches Kraut müssen sie schon selbst im Garten ziehen, auf Wochenmärkten wird das Gewürz nur selten verkauft. Getrocknete Weinraute dunkel und trocken lagern. Frische Weinraute können Sie mit feuchtem Küchenpapier umwickelt und in einem Gefrierbeutel gepackt mehrere Tage im Gemüsefach des Kühlschranks aufbewahren.

Küchentipps:
Weinraute immer vorsichtig dosieren, sonst schmeckt sie schnell vor. Getrocknete Weinraute im Mörser mahlen oder mit etwas heißem Wasser überbrühen, so entwickelt sie ihr volles Aroma.

Wichtiger Hinweis:
Weinraute kann bei empfindlichen Menschen auch schon in geringen Mengen eine allergische Reaktion auslösen. In größeren Mengen wirkt die Raute giftig, wobei zuerst Verdauungsstörungen auftreten. Bei Schwangeren kann sie bei starkem Genuss Fehlgeburten auslösen.

Salvia officinalis
Salbei

Herkunft:
Europa

Essbarer Anteil:

Verwendung:

Eigenschaft:

FAMILIE: Lippenblütler (*Lamiaceae*)

SYNONYME: Griechischer Tee, Muskatellerkraut, Zahnblatt, Gartensalbei, Schaleiblätter, Zahnsalvei, Schmale Sofie, Königssalbei, Rauchsalbei, Kreuzsalbei, Rauhe Salbe

VERWENDUNGSFORMEN: Blätter, frisch und getrocknet

HERKUNFT: Salbei stammt ursprünglich aus der Mittelmeerregion, seit dem 9. Jahrhundert findet man ihn aber auch in ganz Mitteleuropa. Heute ist er bis nach Kleinasien verbreitet.

MERKMALE: Der gemeine Salbei, der auch in unseren Breiten wächst, ist ein mehrjähriger bis zu 80 cm hoher Halbstrauch, der an holzigen Trieben graugrüne, ovale und leicht behaarte Blätter entwickelt und im Juli hellblaue bis zartlilafarbene Blüten trägt. Verwendet werden vor allem die würzig-bitter schmeckenden Blätter. Sie sind reich an ätherischen Ölen und Thujon. Die Blätter duften äußerst aromatisch.

VERWANDTE ARTEN: Es gibt Hunderte von unterschiedlichen Salbeiarten. Die bekanntesten Verwandten unseres

Salbeis sind Ananassalbei *(Salvia rutilans)*, Pfirsichsalbei *(Salvia greggii)*, Fruchtsalbei *(Salvia dorisiana)* und Muskatellersalbei *(Salvia sclarea)*, der wegen seiner starken Muskatnote von der Parfümindustrie angebaut wird. Alle genannten Arten stammen ebenso wie der Heilige Salbei, auch Aztekensalbei genannt *(Salvia divinorum)*, aus Mittelamerika. Letzterer war ein Opferkraut der Indianer.

▬ MYTHOLOGISCHES: Schon die alten Römer schätzten die Heilkraft des Salbeis. Zur Zeit Karls des Großen wurde er in Klostergärten angebaut. Aus dem 13. Jahrhundert stammt ein Vers, der besagt, dass Salbei die größten Chancen hätte, den Tod zu vertreiben. Er ist Sagen umwoben und galt lange als Wundermittel. Erst im Mittelalter wurde Salbei ein Küchenkraut.

Anwendung in der Heilkunde: Salbei wirkt entzündungshemmend, schmerzstillend und schweißhemmend. Letzteres macht Salbeitee an heißen Tagen zu einem angenehmen Begleiter mit nützlicher Nebenwirkung. Auch gegen Zahnfleischentzündungen und für die hygienische Mundspülung ist er bestens aufgrund seiner entzündungshemmenden Wirkung geeignet. Er wirkt beruhigend auf den Magen und kann leichte grippale Infekte im Keim ersticken. Außerdem ist Salbei milchhemmend, was ihn zu einem bewährten Mittel während des Abstillens macht.

Schon probiert?

Saltimbocca

8 kleine Kalbsschnitzel à 60 g flach klopfen. Mit je 1 Salbeiblatt und 1 Scheibe luftgetrocknetem rohem Schinken belegen. Diese jeweils mit Holzzahnstochern fixieren. 2 EL Butterschmalz in einer beschichteten Pfanne erhitzen und die Saltimbocca unter Wenden in 3–4 Minuten braten. Sie dann aus der Pfanne nehmen und warm stellen. Den Bratensatz mit 1/8 l Kalbsbrühe und 1 Glas Weißwein ablöschen. Das Ganze auf ein Drittel einkochen lassen, die Sauce mit etwas Salz und schwarzem Pfeffer abschmecken. Je 2 Saltimbocca mit etwas Sauce auf einem Teller anrichten. Dazu passen breite Bandnudeln.

In der Küche

AROMA:
Salbei schmeckt frisch, würzig, leicht bitter und kann bei zu hoher Würzmenge fast seifig schmecken.

VERWENDUNG:
Salbei ist ein klassisches Gewürz der italienischen Küche, Saltimbocca, Tortellini mit Salbeibutter und Polenta mit Gorgonzola und Salbei sind die Klassiker. Er passt aber auch ausgezeichnet zu Tomaten, Kartoffeln und Hülsenfrüchten. Hackfleisch und Geflügelfüllungen lassen sich ebenfalls wunderbar mit Salbei würzen.

EINKAUF/LAGERUNG:
Salbei gibt es frisch und getrocknet in jedem Supermarkt zu kaufen. Frische Salbeizweige sollten mit einem feuchten Küchenpapier eingeschlagen und in einen Gefrierbeutel gegeben werden. So hält er sich mehrere Tage im Gemüsefach des Kühlschranks. Getrockneter Salbei ist intensiver im Aroma als frischer. Er sollte dunkel, kühl und luftdicht verschlossen gelagert werden.

KÜCHENTIPPS:
Salbei harmoniert ausgezeichnet mit Rosmarin, Thymian, Oregano, Petersilie und Lorbeer. Salbei immer sparsam verwenden – seine Würzkraft ist enorm. Salbei im Öl mitbraten, dann entwickelt er ein besonders volles Aroma.

WICHTIGER HINWEIS:
Thujon in größeren Mengen genossen ist ziemlich giftig, da sich beim Dauergebrauch in hohen Mengen schwerste Nervenleiden entwickeln.

Sassafras albidum
Sassafras

Herkunft:
Amerika

Essbarer Anteil:

Verwendung:

Eigenschaft:

▬ FAMILIE: Lorbeergewächse *(Lauraceae)*

▬ SYNONYME: Filé-Pulver, Fenchelholz

▬ VERWENDUNGSFORMEN: Blätter und Rinde, getrocknet

▬ HERKUNFT: Die Heimat des Sassafrasbaumes ist Nordamerika. Man findet ihn in Laubmischwäldern in der Nähe der nordamerikanischen Atlantikküste. Im Gegensatz zu anderen Gewürzen hat der Baum nicht andere Erdteile kennengelernt.

▬ MERKMALE: Der Sassafrasbaum wird etwa 13 m hoch. Die Blätter sind gelappt und werden etwa 18 cm lang. Er blüht gelb und es entwickeln sich dunkle Beeren, beide sind aber für den Menschen unbrauchbar. Geschmacksgebend sind die ätherischen Öle, Safrol kommt die größte Bedeutung zu.

▬ MYTHOLOGISCHES: Den Indianern ist Sassafras heilig und er wird als Liebesbaum verehrt. Aus der Wurzelrinde werden kräftige Liebestrünke gekocht. Sassafras wirkt leicht halluzinogen, euphorisierend und aphrodisierend.

In der Küche

Aroma:
Sassafras schmeckt würzig, aber nicht scharf.

Verwendung:
Sassafras ist das Gewürz der Südstaatenküche, besonders beliebt ist es in Louisiana. Es verfeinert Gumbos, kreolische Eintopfgerichte aus Meeresfrüchten, Fisch und/oder Geflügel. Es passt aber auch zu Gemüseeintöpfen und anderen Gerichten, die angedickt werden sollen.

Einkauf/Lagerung:
Sassafras erhalten Sie hauptsächlich als Pulver gemahlen und nur im Gewürzladen. Je nachdem ob nur Blätter oder auch Rinde vermahlen wurde, ist es graugrünlich bis hellbraun. Das Pulver sollten Sie in einem luftdicht verschlossenen Behälter trocken und dunkel aufbewahren.

Küchentipps:
Sassafras in heiße, aber nicht mehr kochende Gerichte geben, ansonsten zieht das Gewürz Fäden. Er dickt die Gerichte leicht an.
Sassafras harmoniert gut mit Chili, Koriander und Petersilie.

Wichtiger Hinweis:
In höheren Dosen genossen, wirkt Sassafras wie ein Nervengift; ausschlaggebend ist dafür die Substanz Safrol.

Satureja hortensis
Bohnenkraut

Herkunft:
Asien

Essbarer Anteil:

Verwendung:

▬ FAMILIE: Lippenblütler *(Lamiaceae)*

▬ SYNONYME: Sommerbohnenkraut, Kölle, Pfefferkraut, Weinkraut, Aalkraut, Josefle

▬ VERWENDUNGSFORMEN: Blätter, frisch und getrocknet

▬ HERKUNFT: Bohnenkraut hat seine Heimat im östlichen Mittelmeerraum bis hin zum Iran. Heute ist es in allen Mittelmeerländern, Mitteleuropa, Westasien und Indien heimisch geworden. Ferner wird es in Südafrika und Nordamerika kultiviert.

▬ MERKMALE: Bohnenkraut ist eine einjährige, buschige Pflanze, die bis zu 50 cm hoch wächst. Die Blätter sind dunkelgrün, lanzettförmig und stehen sich paarig gegenüber. Sie sind etwa 3 cm lang und 0,5 cm breit und haben am Rand ganz dünne Härchen. Bohnenkraut blüht rosa bis zartlila. Das Kraut wird vor dem Aufblühen geschnitten, dann ist seine Würzkraft am größten. Bohnenkraut verträgt sich nicht nur im Topf gut mit Bohnen, sondern auch im Garten; z. B. bleiben Buschbohnen so nahezu frei von Blattläusen.

■ VERWANDTE ARTEN: Ein enger Verwandter ist das mehrjährige Winter- bzw. Bergbohnenkraut *(Satureja montana)*. Es ist ein bisschen herber im Geschmack als das Sommerbohnenkraut.

■ MYTHOLOGISCHES: Bohnenkraut war schon im alten Rom als Küchenkraut und Heilpflanze bekannt. Außerdem glaubte man fest an seine Wirkung als Aphrodisiakum. Dieses Wissen lässt sich auch aus mittelalterlichen Schriften entnehmen, wo es für die eheliche Pflichterfüllung verabreicht wurde.

■ ANWENDUNG IN DER HEILKUNDE: Bohnenkraut unterstützt die Verdauung positiv und stärkt den Magen. Es hilft bei Husten und Verschleimung der Atemwege. Bohnenkraut wirkt antiseptisch bei Verletzungen im Rachen- und Halsraum.

Schon probiert?

Türkische Bohnensuppe

400 g junge, breite Bohnenschoten waschen, putzen und in etwa 2 cm lange Stücke schneiden. 1 Zwiebel und 2 Knoblauchzehen schälen und fein hacken. 400 g Lammfleisch aus der Keule waschen, trockentupfen und in mundgerechte Stücke schneiden. 2 EL Olivenöl in einem Topf erhitzen, die Fleischwürfel zusammen mit der Zwiebel und dem Knoblauch andünsten. Die Bohnen dazugeben und das Ganze mit 1 l Gemüsebrühe ablöschen. Mit 5 Zweigen Bohnenkraut, 1 Zweig Rosmarin, 5 Zweigen Thymian, Salz und Pfeffer würzen. Das Ganze bei mittlerer Hitze etwa 40 Minuten köcheln lassen. 2 Fleischtomaten über Kreuz einritzen, kurz überbrühen, abschrecken und enthäuten. Dann die Tomaten vierteln, Stielansätze und Kerne entfernen. Das Fruchtfleisch würfeln. Die Tomatenwürfel zur Suppe geben und das Ganze noch mal 5 Minuten kochen. Die Kräuterzweige aus dem Eintopf entfernen und abschmecken.

In der Küche

AROMA:
Bohnenkraut schmeckt pfefferig, ein bisschen brennend und riecht sehr würzig.

VERWENDUNG:
Bohnenkraut ist ein Muss bei Hülsenfrüchten, da es Blähungen reduziert. Es passt ausgezeichnet zu fetten Fleisch- und Fischgerichten, deftigen Suppen, Bratkartoffeln, Kartoffel- und Bohnensalat sowie zu Wild, Tomaten und Pilzgerichten. Es wird auch als Gewürz zum Wursten eingesetzt.

EINKAUF/LAGERUNG:
Auf manchen Wochenmärkten erhalten Sie beim Kauf von frischen Bohnen Bohnenkraut dazu. Frisch finden Sie es nur auf Wochenmärkten, getrocknet können Sie es im gut sortierten Supermarkt oder auch im Gewürzladen kaufen. Frische Blätter können Sie einige Tage im Gemüsefach ihres Kühlschranks lagern. Getrocknetes Bohnenkraut sollte luftdicht verschlossen, dunkel und kühl gelagert werden.

KÜCHENTIPPS:
Frisches Bohnenkraut lässt sich sehr gut einfrieren und trocknen. Dosieren Sie Bohnenkraut vorsichtig, es entwickelt erst beim Kochen sein volles Aroma.
Frisches Bohnenkraut geben Sie als Ganzes zum Gericht und nehmen es vor dem Servieren wieder heraus.

Sesamum indicum
Sesam

Herkunft:
Asien

Essbarer Anteil:

Verwendung:

■ FAMILIE: Sesamgewächse *(Pedaliaceae)*

■ SYNONYME: Sesamsamen

■ VERWENDUNGSFORMEN: Samen, getrocknet, ganz oder gemahlen

■ HERKUNFT: Sesam gehört zu den ältesten Kulturpflanzen der Welt. Seit Jahrtausenden wird er im Zweistromland zwischen Euphrat und Tigris, in Indien und Afrika angebaut. Sehr früh verbreitete sich Sesam bis nach China, Japan und in die Mittelmeerländer. Hauptanbaugebiete sind heute die Türkei, Indien, China, Ecuador, Honduras, Nicaragua und Mexiko.

■ MERKMALE: Die Sesampflanze hat einen langen, geraden, bis zu 2 m hohen Halm mit länglich-ovalen Blättern. Er blüht weiß oder weinrot und erinnert im Aussehen an Fingerhut. 12 Wochen nach der Aussaat sind die Samen reif. Sie sitzen in länglichen Samenkapseln und sind etwa 2 mm groß. Die Pflanze wird geschnitten und in Bündeln zum Trocknen aufgestellt. Langsam öffnen sich die Kapseln und der Sesam fällt heraus – daher vielleicht auch der Spruch: »Sesam öffne dich!«

Sesam enthält je nach Sorte bis zu 50 Prozent Öl, das fast nur aus mehrfach ungesättigten Fettsäuren besteht, 20–40 Prozent Protein und bedeutende Mengen an Vitamin E, Lecithin und Niacin. Außerdem ist er reich an Calcium, Eisen und Magnesium.

▬ ANWENDUNG IN DER HEILKUNDE: Sesam wirkt sanft entgiftend sowie abführend. Es ist menstruationsfördernd, soll Haarausfall stoppen und Kopfschmerzen verhindern. Aufgrund seines hohen Calciumgehaltes und der vielen essentiellen Fettsäuren wird er zur Osteoporoseprophylaxe empfohlen. Sesamöl wird in der traditionellen asiatischen Medizin auch als Massageöl eingesetzt und soll besonders gut entspannen.

Tahin

Tahin ist eine Paste aus gemahlenem Sesam, die entweder mit oder ohne Salzzusatz im Bioladen, Reformhaus oder in arabischen Lebensmittelgeschäften angeboten wird. Die Paste würzt Fleisch- und Gemüsegerichte in der orientalischen Küche. Als Brotaufstrich ist die Paste eine gesunde und leckere Alternative zu Aufschnitt oder Marmelade.

Gomasio

Bei Gomasio, auch Sesam-Salz genannt, handelt es sich um eine Mischung aus geröstetem, gemahlenem Sesam und Meersalz. In Japan wird es seit Jahrhunderten als traditionelles Würzmittel verwendet. Gomasio sollte nie erhitzt, sondern erst kurz vor dem Verzehr dem Gericht zugefügt werden. So bleiben die wertvollen Inhaltsstoffe des Sesams und das nussige Aroma am besten erhalten. Gomasio erhalten Sie in Naturkostläden, Reformhäusern und in asiatischen Lebensmittelgeschäften. Wegen des schnell eintretenden Geschmacksverlustes sollte Gomasio im Kühlschrank gelagert und zügig verbraucht werden.

In der Küche

Aroma:
Sesam ist geruchlos und hat einen nussigen, leicht süßlichen Geschmack.

Verwendung:
Sesam wird in Mitteleuropa hauptsächlich für Brot und Brötchen, im Müsli und in Knusperriegeln eingesetzt. In der asiatischen und orientalischen Küche werden Fleisch und Fisch in knuspriger Sesamkruste gebacken, Gemüsegerichte mit Gomasio abgeschmeckt, Suppen mit Tahin gewürzt und Süßspeisen aller Art mit Sesam zubereitet. Besonders in der chinesischen Küche findet Sesamöl aus gerösteten Sesamsamen als Würze vielfältige Verwendung.

Einkauf/Lagerung:
Sesam finden sie in der Backwarenabteilung eines gut sortierten Supermarktes oder auch in türkischen Lebensmittelgeschäften. Sie sollten stets Sesam als ganzen Samen kaufen und ihn kühl, dunkel und trocken lagern.

Küchentipps:
Erst beim Rösten entwickelt er sein volles nussiges Aroma.
Für pikante Gerichte sollten Sie den Samen im Mörser mit etwas Salz zerstoßen, so schmeckt er intensiver.
Sesam kann schnell muffig schmecken, wenn er feucht gelagert wurde.

Sinapis alba
Senf

Herkunft:
Europa

Essbarer Anteil:

Verwendung:

■ FAMILIE: Kreuzblütler *(Brassicaceae)*

■ SYNONYME: Weißer Senf

■ VERWENDUNGSFORMEN: Frucht, frisch und getrocknet sowie zerstoßen und gemahlen

■ HERKUNFT: Die Senfpflanze stammt aus der Mittelmeerregion. Heute wird sie in ganz Europa, insbesondere in Frankreich und Deutschland, aber auch in Nordamerika angebaut und hat sich bis nach Indien und China verbreitet.

■ MERKMALE: Senfkörner stammen von der bis zu 1 m hohen, einjährigen Pflanze. Die Senfpflanze erinnert ein bisschen an Raps, hat ähnliche gelbe Blüten und auch die grünen Blätter sind ähnlich geformt. Aus den gelben Blüten bilden sich Schoten mit den Senfkörnern. Kurz vor der Reife der Senfkörner wird die Pflanze gemäht und dann getrocknet. Die Körner werden aus der Pflanze gedroschen und ein zweites Mal getrocknet. Senfkörner enthalten Eiweiß, Fettsäuren und Sinalbin. Dies wird bei Verletzung der Pflanzenzellen enzymatisch gespalten und setzt Stoffe frei, die dem Senf die Schärfe geben.

▬ VERWANDTE ARTEN: Der weiße Senf ist mit dem schwarzen Senf *(Brassica nigra)*, auch grüner oder holländischer Senf genannt, und dem braunen Senf *(Brassica juncea)*, auch Sareptasenf genannt, verwandt. Der schwarze Senf wird ausschließlich zur Senfherstellung verwandt, während es den braunen Senf auch als Körner zu kaufen gibt. Er wird wie weißer Senf in der Küche verwendet.

▬ MYTHOLOGISCHES: Senf wurde schon in der Bibel von Jesus als Sinnbild für das Reich Gottes herangezogen. Die Griechen und Römer nutzten gemahlenen Senf als Würzmittel und Heilpflanze. Die Römer verwendeten nach Plinius Senf in etwa 40 verschiedenen Arzneien. Dioskurides empfahl ihn bei Epilepsie, Milz- und Leberleiden.

▪ Anwendung in der Heilkunde: Der englische Arzt Culpeper verschrieb Senf für eine Vielzahl von Beschwerden von Verdauungsstörungen über Erkältungskrankheiten bis zu Zahn- und Gelenkschmerzen, Hautproblemen und steifem Hals. Immer dann, wenn eine starke Durchblutung der Haut gewünscht ist, wie z. B. bei Hexenschuss, Bronchitis oder einer Rippenfellentzündung, können zerstoßene Senfkörner, mit Wasser vermischt, als Umschlag eingesetzt werden.

Wussten Sie …
Engländer nutzen anstelle von Senf gerne gemahlene Senfkörner, auch Senfmehl genannt, das sie frisch mit Wasser und ein wenig Essig anrühren. Die bekannteste und traditionsreichste Marke ist übrigens »Colman's Mustard«, gegründet 1814, königlicher Hoflieferant und in jedem guten Gewürzladen erhältlich. Senf entwickelt erst in Kontakt mit Wasser seine typische Schärfe, denn durch das Wasser wird das scharfschmeckende Senföl freigesetzt. Hitze stört diesen Prozess, und der Senf schmeckt milder.

Einmachgewürz

Einmachgewürz ist eine Mischung aus Senfkörnern, Dillsamen, Pfeffer, Lorbeer und Piment. Häufig wird es auch »Gurken- oder Mariniergewürz« genannt. Neben dieser für Deutschland klassischen Mischung können auch Nelken, Ingwer, Chili oder Muskat untergemischt sein. Einmachgewürz schmeckt süß-säuerlich und ist ideal zum Einmachen von Gurken, Kürbissen und zum Einlegen von Essiggemüse.

In der Küche

Aroma:
Die getrockneten Samen sind geruchlos, aber entwickeln beim Kauen einen scharfen Geschmack.

Verwendung:
Senfkörner würzen Wurst, Fleisch-, Wild- und Fischmarinaden. Sie verfeinern Essiggurken, Mixed Pickles, Sülzen und Kohlgerichte. Bei grünen Heringen und Sauerbraten dürfen die Senfkörner ebenfalls nicht fehlen. Senfmehl passt besonders gut zu Geflügel und Rindfleisch. Es würzt scharfe Suppen und Saucen sowie süß-sauer eingelegte Kürbisse oder Gurken.

Einkauf/Lagerung:
Senfkörner erhalten Sie im gut sortierten Supermarkt oder in einer Gewürzhandlung. Senfkörner und auch das Mehl halten sich mehrere Jahre, wenn man sie kühl und dunkel lagert.

Küchentipps:
Ein Qualitätszeichen beim Senf sind gleichmäßige große Körner und eine goldgelbe Farbe.
Senfmehl entwickelt seine Schärfe erst durch die Zugabe von Wasser. Man kann das Mehl oder die Körner auch mit Zwiebeln in Öl leicht anbraten, so passt es gut zu kurzgebratenem Fleisch und zu Leber.

Symphytum officinale
Beinwell

Herkunft:
Europa

Essbarer Anteil:

Verwendung:

Eigenschaft:
!

▬ FAMILIE: Rauhblattgewächse *(Boraginaceae)*

▬ SYNONYME: Gemeiner Wallwurz, Hälwurzel, Schwarzwurz, Beinwurz, Hasenbrot, Honigblum, Kuchenkraut, Zuckerhaferl

▬ VERWENDUNGSFORMEN: Blätter und Stängel, frisch, Wurzel, getrocknet und gemahlen

▬ HERKUNFT: Beinwell stammt aus der gemäßigten Klimazone Europas und ist heute auch in Westasien und Kleinasien verbreitet. In Mitteleuropa ist Beinwell nach wie vor häufig an feuchten Stellen, Wiesenrändern und Bachufern zu finden.

▬ MERKMALE: Aus der rübenförmigen Wurzel entwickelt sich die bis zu 1 m hohe Staude. Die Pflanze ist borstig behaart. Die wechselständigen Blätter sind lanzettförmig, werden bis zu 20 cm lang und 3 cm breit. Die Blattoberfläche ist dunkelgrün und die Blattunterfläche hellgrün und behaart. Die Blüten stehen als Trauben zusammen, knicken nach unten, sind violett und haben eine glockige Röhrenform. Die Blätter enthalten Allantoin.

■ VERWANDTE ARTEN: Neben dem heimischen Beinwell ist auch der ursprünglich aus Kanada stammende kanadische Beinwell *(Symphytum peregrinum)* in Mitteleuropa verbreitet. Er wird auch »Comfrey« genannt.

■ ANWENDUNG IN DER HEILKUNDE: Zur Wundheilung bei Quetschungen, Blutergüssen, Venenleiden, Verstauchungen, Akne und Rheuma wird ein Aufguss der Blätter oder gemahlenen Wurzeln in Form eines Wickels zur äußerlichen Anwendung noch heute in der Alternativmedizin empfohlen. Tee sollte man nicht mehr aus diesen Blättern kochen und regelmäßig trinken, da er unter dem Verdacht steht, kanzerogen zu sein. Schon im Mittelalter verordnete man Beinwell bei Knochenbrüchen, das im Beinwell enthaltene Allantoin fördert das Wachstum von Knochen-, Knorpel- und Muskelzellen. Das war zur damaligen Zeit zwar noch nicht bekannt, aber wissenschaftliche Studien von heute belegen die Wirkung des Beinwells.

Wussten Sie ...

Der Gattungsname *Symphytum* leitet sich aus griechischen *symphyein* = zusammenwachsen ab und weist damit auf die hohe Wertschätzung der Pflanze in der Antike bei Knochenbrüchen hin. Auch die deutschen Bezeichnungen »Beinwell« oder »Wallwurz«, denn »wallen« = »zusammenheilen von Knochen«, sind Hinweise für die Heilkraft der Pflanze.

Schon probiert?

Beinwell-Kartoffel-Suppe

1 Lauchstange waschen, putzen und in Ringe schneiden. 150 g Beinwellblätter waschen, trockenschütteln und die Blätter fein hacken. 400 g Kartoffeln waschen, schälen und in 1 cm große Würfel schneiden. Etwa 20 g Butter in einem Topf schmelzen lassen. Lauch, Beinwell und Kartoffeln darin andünsten. Mit 3/4 l Fleischbrühe ablöschen und etwa 20 Minuten garen. Mit Salz, Pfeffer und Muskat würzen.

In der Küche

Aroma:
Beinwell schmeckt frisch würzig und hat keinen stark ausgeprägten Duft.

Verwendung:
Beinwell sollte nur noch in kleinen Mengen genossen werden. Früher aß man ihn auch als Gemüse wie Spinat. Salate und Suppen lassen sich hervorragend mit ihm würzen. Zu Großmutters Zeiten wurde auch Pfannkuchen gerne mit etwas Beinwell ausgebacken.

Einkauf/Lagerung:
Beinwell können Sie getrocknet in der Apotheke kaufen. Kulinarisch ist er getrocknet jedoch wenig interessant. Frisch müssen Sie ihn in der Regel selbst pflücken. Er hält sich in einem Gefrierbeutel im Gemüsefach des Kühlschranks gelagert ein paar Tage.

Küchentipps:
Beinwell können Sie sehr gut einfrieren. Hacken Sie ihn und frieren ihn zusammen mit etwas Wasser im Eiswürfelportionierer ein.
Beinwell verträgt Hitze. Sie können ihn frühzeitig in eine Suppe geben und mitkochen.

Wichtiger Hinweis:
Es gibt neue Studien, die darauf hinweisen, dass die Pflanze bei regelmäßigem Genuss in hohen Dosen die Entstehung von Leberkrebs fördert.

Syzygium aromaticum
Gewürznelke

Herkunft:
Asien

Essbarer Anteil:
✾

Verwendung:
✗ ♞

■ FAMILIE: Myrtengewächse *(Myrtaceae)*

■ SYNONYME: Nelke, Nägelein, Nelkenkopf

■ VERWENDUNGSFORMEN: Blütenknospen, getrocknet, ganz oder gemahlen

■ HERKUNFT: Die Gewürznelke stammt von den indonesischen Molukken, den sogenannten Gewürzinseln. Heute wird der Baum in Indonesien, Madagaskar, Tansania, Sri Lanka und Malaysia kultiviert.

■ MERKMALE: Der Gewürznelkenbaum gedeiht am besten im tropischen Seeklima, kann eine Höhe von bis zu 15 m erreichen und bringt vom sechsten bis zum 60. Lebensjahr eine Ernte von etwa 3 kg pro Jahr. Er hat ein schmales, zylindrisches Aussehen, lorbeerähnliche, immergrüne, ledrige Blätter und rotfarbene Blütenknospen. Sobald die noch festgeschlossenen grünen Knospen sich hellrot zu verfärben beginnen, werden sie per Hand gepflückt, vom Fruchtstiel befreit und in der Sonne getrocknet. Dabei erhalten die Gewürznelken ihre typisch braune Farbe. Sie sind reich an ätherischen Ölen.

▬ Anwendung in der Heilkunde: Gewürznelken wirken verdauungsfördernd, magenschonend, appetitanregend sowie schmerzstillend und desinfizierend. Sie sind ein geschätztes Hausmittel bei Zahnschmerzen und Entzündungen im Mund. Nelkenöl wird auch als Anästhetikum in der Zahnheilkunde und als Zusatz von Zahnfüllmaterial verwendet. Bei Diarrhöe und Blähungen kann Gewürznelkenöl verabreicht werden.

Wussten Sie …
Obwohl es der deutsche Name des Gewürzes andeutet, hat es nichts mit der Blume Nelke zu tun, sondern leitet sich vom mittelhochdeutschen »negellin« ab, was soviel wie »Nägelein« bedeutet und auf die Form des Gewürzes verweist.
Übrigens: Um Mücken in der warmen, schwülen Jahreszeit abzuhalten, hilft eine halbierte Zitrone mit Nelken gespickt.

QUATRE ÉPICES

Hierbei handelt es sich um eine in Frankreich äußerst beliebte Gewürzmischung aus Nelken, schwarzem oder weißem Pfeffer, Muskat und Ingwer. Wörtlich übersetzt heißt die Mischung zwar »Vier Gewürze«, doch oft ist sie um weitere Gewürze wie Piment und Zimt erweitert.

SCHON PROBIERT?

RUMGLÖGG

1 l Rotwein mit 350 ml Portwein, 1 Stück unbehandelter Zitronenschale, 8 Gewürznelken, 1 Stange Zimt und 80 g Zucker unter Rühren bis kurz vor dem Siedepunkt erhitzen. Dann zugedeckt etwa 15 Minuten ziehen lassen. Die Gewürze und Zitronenschale herausnehmen und 300 ml leicht erwärmten Rum zum Punsch gießen. Das Ganze heiß servieren.

KÜCHENTIPPS

Machen Sie mit Nelken den »Schwimmtest«: Bei guter Qualität schwimmen die Nelken mit dem Kopf nach oben und dem Stiel nach unten auf der Wasseroberfläche oder gehen sogar unter. Schwimmen sie waagerecht auf dem Wasser, sind sie von schlechter Qualität.

Nelken beim Kochen in eine ganze Zwiebel stecken, dann lassen sie sich aus dem Gericht leicht wieder entfernen.

Nelke ist ein Prisengewürz! Wenn Sie gemahlene Nelke verwenden, dosieren Sie das Gewürz vorsichtig.

Nelken harmonieren gut mit anderen kräftigen Gewürzen wie Ingwer, Pfeffer oder Kardamom.

In der Küche

Aroma:

Nelke schmeckt feurig-scharf und brennt leicht. Der Geruch von Nelke ist sehr intensiv.

Verwendung:

Die Gewürznelke verfeinert Süßspeisen, Gebäck und Punsch. In der pikanten Küche gibt sie Fleisch- und Fischgerichten sowie Wild, Geflügel, Eintöpfen, Rotkohl, Marinaden aller Art und Wurstwaren ein besonderes Aroma. Feine Schokoladen erhalten durch die Nelke zusammen mit Zimt und Kardamom ihren exquisiten Geschmack.

Nelken sind in diversen Gewürzmischungen enthalten, so z. B. im indischen »Garam masala«, im arabischen »Baharat« und in der chinesischen Fünfgewürzmischung. Auch in der berühmten Worcestersauce darf die Nelke auf keinen Fall fehlen.

Einkauf/Lagerung:

Ganzen Gewürznelken sollten Sie gegenüber dem Pulver den Vorzug geben, weil sich das ätherische Öl recht schnell verflüchtigt. Wer so etwas tolles wie eine Gewürzmühle besitzt, kann dann kurz vor der Verwendung ein paar Nelken mahlen. Gemahlene Nelken braucht man häufig zum Backen von Weihnachtsgebäck. Pulver und ganze Nelken lassen sich luftdicht verschlossen, trocken und dunkel 2–3 Jahre lagern.

Tamarindus indica
Tamarinde

Herkunft:
Afrika

Essbarer Anteil:

Verwendung:

- FAMILIE: Johannisbrotgewächse *(Caesalpiniaceae)*

- SYNONYME: Sauerdattel, Indische Dattel

- VERWENDUNGSFORMEN: Fruchtmark der Schote, als Paste oder im Block

- HERKUNFT: Der Tamarindenbaum stammt vermutlich aus Äthiopien und gelangte von dort nach Indien. Von dort wurde er in den Mittelmeerraum eingeführt, und im 16. Jahrhundert siedelte er nach Mittelamerika über. Heute wird er weltweit, wenn auch nicht in großen Mengen, kultiviert.

- MERKMALE: Tamarinden sind 5–20 cm lange, fingerdicke, zimtfarbene bis braune Schoten, die ein wenig gekrümmt sind. Diese Schoten hängen an einem immergrünen, bis zu 25 m hohen Baum, der stark gefiederte, ovale Blätter hat. Die Blüte ist wunderschön. Sie besteht aus weißen Außenblättern und innen aus karminrot geäderten Blättern mit einem sonnengelben Rand. Aus diesen Blüten bilden sich die Schoten. Unter der brechbaren Schale befindet sich bräunlich bis schwarzrötliches Fruchtmark, in dem dunkle, 1 cm große Kerne eingebettet sind. Diese wer-

den entfernt. Das Fruchtmark wird getrocknet und als Block oder Paste verkauft. Der Geschmack wird vom hohen Fruchtsäureanteil bestimmt. Tamarinde ist reich an Weinsäure, daneben enthält es Apfel-, Bernstein-, Zitronen- und Oxalsäure.

VERWANDTE ARTEN: Tamarinde wird in zwei Gruppen aufgeteilt, die sich primär im Geschmack unterscheiden. Die süße Tamarinde hat ein bräunliches, musartiges Fruchtfleisch, das süß schmeckt. Die Samen sind runder in der Form. Die saure Tamarinde hat etwas abgeflachte Samen, das Fruchtmark ist fast schwarz und schmeckt süßsauer. Es erinnert im Geschmack an saure Drops.

■ ANWENDUNG IN DER HEILKUNDE: Tamarinde hat eine abführende Wirkung und kann daher auch als natürliches und schonendes Abführmittel verwendet werden. Ferner ist der Vitamin-C-Gehalt von Tamarinde ausreichend, um in früheren Zeiten Seefahrer vor Skorbut zu schützen.

WUSSTEN SIE ...

Das arabische Wort *tamr hindi* bedeutet »indische Dattel«. Tamarinde wurde vermutlich von Indien in großen Mengen exportiert, und die Form der Samen erinnert vielleicht ein wenig an Datteln.

Übrigens: In der Karibik wird aus Tamarindenmark, Zucker und Wasser eine erfrischende Limonade hergestellt. Vielleicht ist dies auch eine exotische Abwechslung für Sie an heißen Sommertagen.

KÜCHENTIPPS

Der Tamarindenblock muss mit heißem Wasser aufgelöst werden. Falls die Samen noch enthalten sind, müssen Sie diese herausnehmen. Sie können auch ruhig gleich eine größere Menge zubereiten, gut verschlossen lässt sich der selbst hergestellte Sirup durchaus 1 Woche im Kühlschrank lagern.

In der asiatischen Küche wird oft Tofu in Tamarindensirup eingelegt, so bekommt das neutrale Sojaprodukt einen angenehmen Geschmack.

Der saure und fruchtige Geschmack der Tamarinde verträgt sich ausgezeichnet mit der Schärfe von Chilis.

In der Küche

Aroma:
Tamarinde schmeckt angenehm fruchtig und leicht säuerlich.

Verwendung:
Tamarinde ist ein beliebtes Gewürz in der ostafrikanischen, indischen, asiatischen und lateinamerikanischen Küche. Es wird dort ähnlich genutzt wie bei uns Zitronensaft oder Essig. Es würzt Fleisch- und Fischgerichte sowie Gemüse-, Reis- und Hülsenfrüchteeintöpfe. Da Tamarinde reich an Pektin ist, bindet es auch Chutneys, Relishes, Gelees und Marmeladen. Eine bekannte südindische Spezialität ist Vindaalu, ein Schweinfleischgericht, das sich vermutlich aus dem portugiesischen Porco vinho e alho ableitet. Auch in der europäischen Küche wird Tamarinde zum Kochen verwandt und zwar in Form der berühmten Worcestersauce, die Tamarinde enthält.

Einkauf/Lagerung:
Tamarindenschoten, Mark, Paste oder auch Sirup aus Tamarinde bekommen Sie im Gewürzladen oder im indischen, asiatischen, mexikanischen oder afrikanischen Spezialitätenshop. Tamarindenschoten können Sie mehrere Monate lagern. Wenn die Schale spröde ist, ist die Frucht bereits lange gelagert, aber noch immer von gutem Geschmack. Die Paste wird in Gläsern angeboten und sind so wie der Block und der Sirup sehr lange lagerbar.

Thymus vulgaris
Thymian

Herkunft:
Europa

Essbarer Anteil:
🌸

Verwendung:
✕ 🏵

▬ FAMILIE: Lippenblütler *(Lamiaceae)*

▬ SYNONYME: Gartenthymian, Echter Thymian, Römischer Thymian, Welscher Quendel, Demut, Immenkraut, Suppenkraut, Kuttelkraut, Kudelkraut

▬ VERWENDUNGSFORMEN: Blätter, frisch und getrocknet

▬ HERKUNFT: Thymian hat seinen Ursprung im Mittelmeerraum. Heute wird er in den gesamten mittleren Breiten angebaut. Je intensiver die Sonneneinstrahlung, umso kräftiger das Aroma.

▬ MERKMALE: Thymian ist ein mehrjähriger, immergrüner Halbstrauch mit unten verholzten bzw. flaumigen Stängeln. Er wächst etwa bis zu 40 cm hoch. Die Blätter sind relativ klein und dunkel- bis graugrün. Die Blüte ist ebenfalls nicht sehr groß und er blüht rosa bis lilafarben. Die gesamte Pflanze duftet stark aromatisch. Verantwortlich für das Aroma des Thymians sind ätherische Öle, insbesondere Thymol und Carvacrol, sowie Flavonoide und Gerbstoffe.

▬ Verwandte Arten: Ein in der Kräuterküche gerne gesehener Verwandter des Gartenthymians ist der Zitronenthymian *(Thymus citriodorus)*. Seine Blätter sind etwas größer und gelb umrandet. Er duftet ein bisschen nach Zitrone, hat aber den typischen Geschmack von Thymian. Im Sommer bekommen Sie ihn auf dem Wochenmarkt. Mit ihm lassen sich auch Desserts und Obstsalate würzen.

▬ Mythologisches: Das Wort *Thymus* leitet sich aus dem griechischen *thymos* = Lebenskraft ab und symbolisiert somit Stärke und Kraft. Die Griechen benutzten Thymian vor allem auch als Räucherpflanze. Vor einer Schlacht nahmen römischen Legionäre Thymianbäder; sie sollten ihnen Mut und Kraft verleihen, um den Sieg nach Hause zu bringen.

ANWENDUNG IN DER HEILKUNDE: In der Volksmedizin wird Thymian bei Erkrankung der oberen Atemwege empfohlen. Er wirkt krampf- und schleimlösend. Ferner werden ihm fiebersenkende, beruhigende, geruchsmindernde und desinfizierende Eigenschaften zugesprochen. Er soll auch bei Asthma, Verdauungsbeschwerden und Halsschmerzen eine Linderung herbeiführen.

SCHON PROBIERT?

KRÄUTERFÜLLUNG

1 Zwiebel und 2 Knoblauchzehen schälen und fein hacken. Etwa 20 g Butter in einer Pfanne erhitzen und die Zwiebel mit dem Knoblauch anbraten. 2 Scheiben Toastbrot entrinden und in kleine Würfel schneiden. Von 12 Thymianzweigen die Blättchen zupfen, fein hacken und zusammen mit den Brotwürfeln in die Pfanne geben und das Ganze mit 80 g süßer Sahne erwärmen. Die Brotmasse etwas einkochen lassen. Mit 1 EL Sherry abschmecken, salzen und pfeffern. In Schweine- oder Lammfilet eine Tasche schneiden, die Masse hineinfüllen und im Ofen bei 200° C braten.

HERBES DE PROVENCE

Die französische Gewürzmischung »Kräuter der Provence« stammt, wie der Name schon sagt, aus der französischen Region La Provence und setzt sich aus den dort angebauten Kräutern Thymian, Rosmarin, Bohnenkraut, Oregano und Lavendel zusammen. Je nach Mischung wird sie häufig um zerdrückte Lorbeerblätter, Fenchel und etwas geriebene Orangenschale ergänzt. Typisch für diese Gewürzmischung ist das kräftige, würzig-pikante Aroma, welches sehr gut mit der ländlichen, einfachen Kost der Region harmoniert. Die Mischung besteht immer aus getrockneten Kräutern, welche länger mitgegart werden sollten, um ihr Aroma und ihren Geschmack voll zu entfalten. Herbes de provence passen ausgezeichnet zu Fleisch- und fruchtigen Gemüsegerichten.

In der Küche

Aroma:
Thymian schmeckt würzig, herzhaft und ein bisschen harzig. Er hat einen intensiven Geruch.

Verwendung:
Thymian passt sehr gut zu Fleisch- und Kohlgerichten, zu Fischterrinen, aromatischen, fruchtigen Suppen und Saucen sowie an Salate. Auch Zucchini, Auberginen und Tomaten werden gerne mit Thymian gewürzt.

Einkauf/Lagerung:
Thymian gibt es getrocknet und auch frisch im Supermarkt zu kaufen. Frischer Thymian sollte mit feuchtem Küchenpapier eingeschlagen und in einen Gefrierbeutel gegeben werden. Er hält sich so etwa 1 Woche im Gemüsefach des Kühlschranks. Getrockneter Thymian ist im Aroma noch sehr intensiv. Er sollte dunkel, kühl und luftdicht verschlossen gelagert werden.

Küchentipps:
Es reichen kleine Mengen an Thymian aus, die auch längere Zeit mitgekocht werden können. Getrockneter Thymian aus eigener Ernte ist oft viel intensiver. Die getrockneten Blätter können Sie mit einer Gabel sehr gut von den Zweigen abstreifen. Thymian harmoniert gut mit Rosmarin, Oregano, Salbei und Bohnenkraut.

Trachyspermum ammi
Ajowan

Herkunft:
Asien

Essbarer Anteil:

Verwendung:

■ FAMILIE: Doldenblütler *(Apiaceae)*

■ SYNONYME: Adjowan, Ajamoda, Ammei, Königskümmel, Indischer Kümmel

■ VERWENDUNGSFORMEN: Samen, getrocknet, ganz und gemahlen

■ HERKUNFT: Die Heimat des Doldengewächses ist das südliche Indien. Heute wird die Pflanze in Mittelasien, Nordafrika und Äthiopien angebaut. Schon im alten Orient dienten die Samen als natürliches Antiseptikum.

■ MERKMALE: Die einjährige, krautige Pflanze wächst etwa 30–60 cm hoch und bildet Dolden, die aus 5 bis 15 kleinen weißen Blüten bestehen. Aus den Blüten entwickeln sich dunkelbraune haarige Früchte von etwa 1 mm Breite und 4 mm Länge. Getrocknet erinnert der Samen in Farbe und Form an etwas zu große Selleriesamen.

■ VERWANDTE ARTEN: Botanisch ist die Ajowan-Pflanze eng mit Kümmel und Kreuzkümmel verwandt.

In der Küche

Aroma:
Ajowan schmeckt und duftet stark nach Thymian. Im Nachgeschmack ist er leicht scharf und bitter.

Verwendung:
Klassisches Gewürz der indischen und arabischen Küche. Ajowan ist ein Muss bei den zahlreichen Dahls (Hülsenfrüchtegerichten) und Pankorhas (frittiertes, pikantes Gebäck aus Eierteig), nicht nur wegen des Geschmacks, sondern auch aufgrund seiner verdauungsfördernden Wirkung. Ferner passt das Gewürz gut zu Pickles, Wurzelgemüse und gegrillten Geflügelgerichten. In Pilaws (orientalischen Reisgerichten) darf es ebenfalls nicht fehlen. Ajowan ist häufig ein Bestandteil von Currymischungen.

Einkauf/Lagerung:
Das Gewürz finden Sie in arabischen und indischen Lebensmittelgeschäften.
Luftdicht verschlossen, kühl und dunkel aufbewahrt, sind die ganzen Samen nahezu unbegrenzt haltbar. Gemahlen verliert das Gewürz mit der Zeit an Aroma.

Küchentipps:
Ajowan ist im Geschmack sehr intensiv, würzen Sie deshalb sparsam. Durch Rösten mit oder ohne Fett wird das Aroma intensiviert.

Trigonella foenum-graecum
Bockshornklee

Herkunft:
Asien

Essbarer Anteil:

Verwendung:

FAMILIE: Schmetterlingsblütler *(Fabaceae)*

SYNONYME: Griechisches Heu, Fenucrek

VERWENDUNGSFORMEN: Blätter, frisch und getrocknet, Samen, getrocknet, ganz oder gemahlen

HERKUNFT: Seinen Ursprung hat der Bockshornklee in Mesopotamien. Schon in der Antike wurde er im Mittelmeerraum angebaut. Noch heute wird er vor allem in der Mittelmeerregion sowie Zentralasien kultiviert.

MERKMALE: Der Bockshornklee ist ein bis zu 50 cm hohes Kraut, das mit kräftigen Wurzeln im Boden verankert ist. Die im Juni und Juli blühende Pflanze hat ovale, zartgrüne Blätter und gelblichweiße Blüten. Charakteristisch sind die Fruchthülsen mit den Samen. Ihnen verdankt die Pflanze ihren Namen: Sie sehen aus wie die Hörner eines Ziegenbocks.

VERWANDTE ARTEN: Bockshornklee ist mit dem Schabzigerklee *(Trigonella caerulea)* eng verwandt, der in der Alpenregion weit verbreitet ist. Dort würzt man Bratkartoffeln

mit Schabzigerkleeblättern und er wird dem Schabziger (eine Schweizer Käsespezialität ursprünglich aus dem Kanton Glarus) zugesetzt.

MYTHOLOGISCHES: Im antiken Griechenland wurden in Gerstenöl geröstete Bockshornkleesamen von Philosophen und ihren Schülern als »Denkhilfe« geknabbert; daher auch der gelegentliche Name »Philosophenklee«. Heute kann man belegen, dass Bockshornklee das Leistungsvermögen verbessern kann, denn das Kraut ist reich an Kupfer und Eisen. Somit fördert es den Aufbau der roten Blutkörperchen, und die Zellen werden besser mit Sauerstoff und Nährstoffen versorgt.

ANWENDUNG IN DER HEILKUNDE: Bockshornklee ist eine uralte Heilpflanze, sie fand bereits in bei Hippokrates Erwähnung. Bockshornklee enthält Saponine und Cumarine, diese sollen die Venen stabilisieren. Bei Venenerkrankungen, insbesondere bei Krampfadern und Hämorrhoiden, kann Bockshornklee ein wirksames Mittel sein. Ferner soll Bockshornklee eine entzündungshemmende Wirkung haben und wird daher bei Rheuma und Gelenkerkrankungen in der Naturmedizin verordnet. Bockshornklee fördert auch den Gallenfluss und hat damit einen günstigen Einfluss auf den Cholesterinspiegel.

WUSSTEN SIE ...

Der botanische Name *Trigonella* leitet sich vermutlich von den triangelförmigen Blüten ab. *Foenum graecum* kommt aus dem Lateinischen und heißt »griechisches Heu«.

SCHON PROBIERT?

INDISCHE KARTOFFELSUPPE

500 g Kartoffeln schälen, waschen und würfeln. 2 Möhren putzen, waschen, schälen und in Scheiben schneiden. Kartoffeln und Möhren in 30 g zerlassener Butter in einem Topf anschwitzen. Mit Salz, 1 TL Curry und 1 TL gemahlenem Bockshornklee bestäuben. Mit 3/4 l Brühe ablöschen und bei milder Hitze im geschlossenen Topf ca. 15 Minuten garen. Ein 1/2 Bund Frühlingszwiebeln putzen, waschen und in Röllchen schneiden. Kartoffelsuppe teilweise pürieren, auf Tellern anrichten und mit den Frühlingszwiebeln garnieren.

In der Küche

Aroma:
Bockshornklee schmeckt würzig bitter und leicht mehlig. Er erinnert im Geruch ein bisschen an frisch gemahlenes Heu.

Verwendung:
Bockshornklee wird heute noch vor allem in Indien und den arabischen Staaten Afrikas geschätzt. Für indische Curry- und Chutneygerichte ist Bockshornklee zum Würzen oft unentbehrlich, er verfeinert ägyptische und äthiopische Fisch- und Fleischgerichte sowie Eintöpfe und Gemüsegerichte. Die Samen würzen auch Brot und Kleingebäck in der arabischen Küche und sind Bestandteil des indischen Currys.

Einkauf/Lagerung:
Bockshornklee ist als Samen und gemahlen im indischen Lebensmittelgeschäft oder in einer Gewürzhandlung zu kaufen. Lagern Sie Bockshornklee luftdicht verschlossen, kühl und dunkel. Das Pulver sollten Sie nur in kleinsten Mengen kaufen und schnell verbrauchen, da Bockshornklee gemahlen schnell an Aroma verliert.

Küchentipps:
Vor dem Zerstoßen die Bockshornkleesamen leicht anrösten, so entwickelt sich ein angenehmer Geschmack. Bei zu hohen Temperaturen werden die Samen rot und bitter. Die Samen schmecken nicht roh, sie müssen immer mitgekocht werden.

Vanilla planifolia
Vanille

Herkunft:
Amerika

Essbarer Anteil:

Verwendung:

■ FAMILIE: Orchideengewächse *(Orchidaceae)*

■ SYNONYME: Vanillestange, Vanilleschote

■ VERWENDUNGSFORMEN: Fruchtkapsel bzw. Samen, getrocknet

■ HERKUNFT: Die Heimat der kletternden Orchidee, von der die Vanilleschoten stammen, ist das südliche Mexiko, Guatemala und andere Länder Mittelamerikas. Heute wird Vanille nicht nur in Mittelamerika, sondern auch auf Madagaskar, Réunion und den Komoren angebaut. Ausgezeichnete Qualität wird als Bourbon-Vanille angeboten.

■ MERKMALE: Vanillestangen sind die langen, schlauchartigen Früchte der Vanille. Sie ist eine Kletterpflanze, die sich bis zu 15 m hoch an Bäumen in den Tropen hochrankt. Die Pflanze hat dickfleischige, eiförmige, bis zu 25 cm lange und bis zu 8 cm breite Blätter. Die Blüte ist im Verhältnis zu den Blättern relativ klein und von weiß-gelber bis grünlicher Farbe. Die Blüten sind nur wenige Stunden geöffnet und werden während dieser Zeit in der freien Natur mithilfe von Kolibris befruchtet. Bei der Vanille

in der Kulturform wird dies nicht dem Zufall überlassen, sondern die Befruchtung von menschlicher Hand ausgelöst. Nach 6–8 Monaten haben sich die Vanillestangen voll entwickelt. Sie werden vor der Reife geerntet und dann fermentiert. Dabei werden die grün-gelben Früchte schwarz-braun und entwickeln ihr intensives Aroma. Vanillin ist der Hauptaromaträger des Gewürzes.

▬ MYTHOLOGISCHES: Schon die Azteken würzten ihre Schokolade mit Vanille. Sie sollte die Liebeslust erhöhen. Auch als Zahlungsmittel nutzten die Indianer getrocknete Vanillestangen.

■ Anwendung in der Heilkunde: Die Indianer nutzten die Vanille als Gewürz und Medizin, sie schrieben ihr eine herzstärkende Wirkung zu. Vanille sollte auch Angst und Müdigkeit reduzieren. Sie soll außerdem stimmungsaufhellend wirken, besonders zusammen mit Kakao.

Wussten Sie ...

Der Unterschied von Vanillezucker und Vanillinzucker besteht darin, dass Vanillezucker aus echter Vanille hergestellt wird. Im Vanillinzucker muss nur das synthetisch hergestellt Vanillin, der nach Vanille schmeckende Aromastoff, enthalten sein.
Vanillezucker können Sie auch selbst herstellen: 1 ausgekratzte Schote mit etwa 250 g Zucker in ein Schraubglas geben und mindestens 6 Wochen durchziehen lassen.

Schon probiert?

Selbstgemachtes Vanilleeis

200 ml Milch mit 100 g süßer Sahne erhitzen. 1/2 Vanilleschote längs aufschlitzen, das Mark herauskratzen, mit der Schote und 1 Prise Salz in die Milch geben. Unter Rühren einmal aufkochen, dann etwas abkühlen lassen. 3 Eigelbe mit 80 g Zucker im warmen Wasserbad cremig schlagen. Die Sahnemilch langsam zum Eigelb geben. Das Ganze solange rühren, bis eine dickliche Masse entsteht. Alles abkühlen lassen, dann für etwa 1 Stunde in den Kühlschrank stellen. 200 g süße Sahne steif schlagen, unter die gekühlte Eismasse ziehen. Das Ganze in eine Eismaschine geben und 15–20 Minuten gefrieren lassen. Falls Sie keine Eismaschine haben, geben Sie die Eismasse in ein Gefäß und rühren zu Anfang alle 5 Minuten um, wenn das Eis fester wird, lassen Sie es noch 3–6 Stunden durchfrieren.

In der Küche

Aroma:
Vanille riecht intensiv und leicht süß. Sie schmeckt süß und doch ein bisschen würzig.

Verwendung:
Vanille gehört an Schokolade, Kaffee, Desserts jeglicher Art, Obstkompott und -salat. Gebäck und Kuchen werden im Geschmack mit Vanille verfeinert. In Mexiko werden aber auch pikante Gerichte wie Krustentiere und Fleischgerichte mit Vanille gewürzt.

Einkauf/Lagerung:
Vanille gehört noch heute zu den teuersten Gewürzen. Sie können Vanillestangen im Glas verschlossen in jedem gut sortieren Supermarkt kaufen. Ausgezeichnete Qualität wird als Bourbon-Vanille angeboten. Beim Besuch eines Gewürzhauses können Sie zwischen Vanillestangen unterschiedlicher Qualität und Herkunft wählen – das hat natürlich auch seinen Preis! Vanillestangen sollten Sie kühl, dunkel und luftdicht verschlossen lagern.

Küchentipps:
Um das Fruchtmark frei zu setzen, wird die Frucht der Länge nach aufgeschnitten und das Mark herausgekratzt. Bei gekochten Speisen kann aber auch die ganze, aufgeschnittene Frucht mitgekocht werden. Die Frucht selber ist nicht essbar.

Wasabia japonica
Wasabi

Herkunft:
Asien

Essbarer Anteil:

Verwendung:
✗ ♣

▬ FAMILIE: Kreuzblütler *(Brassicaceae)*

▬ SYNONYME: Grüner Meerrettich

▬ VERWENDUNGSFORMEN: Stiel, getrocknet und gemahlen

▬ HERKUNFT: Wasabi kommt ursprünglich aus Japan, wird heute aber auch in anderen asiatischen Ländern sowie in Neuseeland und Australien kultiviert.

▬ MERKMALE: Die Wasabipflanze gedeiht sowohl auf feuchten Böden wie im seichten Wasser. Die Blätter erinnern in ihrer Form an Kapuzinerkresse, ansonsten haben sie in ihrer Dicke und Beschaffenheit mehr Ähnlichkeit mit Kohlblättern. Der Unterteil des Stiels ist verdickt und aus ihm wird das getrocknete Wasabipulver gewonnen.

▬ ANWENDUNG IN DER HEILKUNDE: Wasabi spielt in der japanischen Heilkunde eine große Rolle. Einige Studien neueren Datums zeigen, dass Wasabi Stoffe enthält, die das Blut verdünnen und einen positiven Einfluss auf Magenkrebs haben sollen.

In der Küche

Aroma:
Wasabi und auch das Pulver sind im Geschmack scharfem Meerrettich sehr ähnlich.

Verwendung:
Wasabi ist ein wichtiges Gewürz der japanischen Küche. Sushi und Sashimi (roher Fisch) werden standardmäßig mit Wasabi gewürzt. Es passt aber auch zu gekochtem Fleisch und Fisch.

Einkauf/Lagerung:
Frischen Wasabi finden Sie in Europa nur schwer, das Pulver ist jedoch problemlos im Asiashop zu bekommen. Gut verschlossen, dunkel und trocken gelagert, hält es mehrere Jahre. Es verliert nur langsam an Aroma.

Küchentipps:
Um eine Paste aus dem Pulver herzustellen, muss es ungefähr im Verhältnis 1:1 mit Wasser verrührt werden.
Reste der Paste können in einem sauberen Schraubglas mehrere Tage im Kühlschrank aufbewahrt werden.

Zanthoxylum piperitum
Sichuanpfeffer

Herkunft:
Asien

Essbarer Anteil:

Verwendung:

Eigenschaft:

FAMILIE: Rautengewächse *(Rutaceae)*

SYNONYME: Szechuanpfeffer, Anispfeffer, Bergpfeffer, Blütenpfeffer, Japanischer Pfeffer, Chinesischer Pfeffer, Indonesischer Zitronenpfeffer

VERWENDUNGSFORMEN: Früchte, getrocknet, ganz und gemahlen

HERKUNFT: Die Gattung *Zanthoxylum* ist in Asien weit verbreitet und es gibt auch einige Arten auf dem amerikanischen und afrikanischen Kontinent. Der Sichuanpfeffer, den wir genießen, kommt hauptsächlich aus Südchina und Vietnam.

MERKMALE: Sichuanpfeffer sind die getrockneten Früchte eines relativ kleinen Baumes, der gefiederte Blätter hat und weiße bis grünliche Blüten trägt. Aus ihnen entwickeln sich die Früchte, die im unreifen Zustand geerntet und dann getrocknet werden. Die Früchte enthalten ätherische Öle, vor allem Terpene, Geraniol, Linalool, Cineol und Citronellal. Die Schärfe ist durch ein Amid bedingt, das sich vor allem in den Fruchtwänden befindet. Der Samen ist bitter und wird entfernt.

SICHUANPFEFFER **229**

▬ VERWANDTE ARTEN: Neben dem bei uns in Europa verkauften Sichuanpfeffer gibt es regionale Arten, die in ihren heimischen Regionen in der Küche Verwendung finden. *Zanthoxylum rhetsa* wächst in Nordindien und *Zanthoxylum sansho* in Japan. Diese beiden Gewürze weisen nahezu das gleiche Aroma auf wie der bei uns käufliche Sichuanpfeffer.

▬ ANWENDUNG IN DER HEILKUNDE: Sichuanpfeffer ist reich an ätherischen Ölen, diese regen Speichelfluss und Verdauung an.

> WICHTIGER HINWEIS:
> In größeren Mengen wirkt der Sichuanpfeffer auf die Geschmacksnerven betäubend und kann eine unerwünschte Reizung des Magens verursachen.

SICHIMI TOGARASHI

Hierbei handelt es sich um die japanische Siebengewürz-
mischung. Sie besteht in der Regel aus Sichuanpfeffer, Chili,
getrockneten Orangenschalen, Mohn, schwarzem Sesam, Tamarinde und Seetang. Alle Gewürze werden im Mörser gründlich
zerrieben. Die Mischung ist brennend scharf und dient den
Japanern vor allem als Tischwürze. Sie können diese Mischung
auch bei uns im Asialaden kaufen. Dosieren Sie sie vorsichtig.

SCHON PROBIERT?

SUKIYAKI

800 g abgehangene Rinderlende schon vom Metzger in dünne Scheiben
schneiden lassen (3 mm stark). 12 frische Shiitakepilze, 6 Frühlingszwiebeln,
einen 1/2 Chinakohl, 1 handvoll Spinat, 2 Stangen Lauch, 8 große Champignons, 2 Möhren je nach Sorte waschen, putzen und in Stücke, dünne Scheiben
oder feine Streifen schneiden. Nach Sorten und Farben sortiert auf großen
Platten anrichten. Zuerst etwas Butterschmalz in den heißen Wok geben, dabei
Topfboden und -wände gut einfetten. 1 EL Zucker und 1/2 TL Sichuanpfeffer
in den Topf streuen und den Zucker karamellisieren lassen. Bevor er zu dunkel
wird, mit einem Schuss Sake, Sojasauce und Wasser ablöschen. Nach und nach
2 weitere EL Zucker, bis zu 1/8 l Sake, 1/8 l Sojasauce und 1/4 l Wasser hinzufügen, sodass ein konzentrierter Sud entsteht. Er sollte etwa 2 cm hoch im Topf
stehen. Gemüsestücke und Fleischscheiben werden nun am Tisch in diesem
Sud gegart. Jeder legt ein und fischt sich heraus, was er mag. Man kann zusätzlich sein Fleisch mit einer Mischung aus Sichuanpfeffer und Salz würzen.

In der Küche

Aroma:
Sichuanpfeffer hat einen pfeffrigen, leicht zitronigen, frischen Geschmack.

Verwendung:
Sichuanpfeffer ist ein klassisches Gewürz der asiatischen Küche. Er passt ausgezeichnet zu Fisch, aber auch zu Schweinefleisch, Hähnchen und Ente. Er wird über Nudel- und Reissuppen gestreut und darf beim japanischen Sukiyaki-Grillen als Gewürz am Fleisch nicht fehlen.

Einkauf/Lagerung:
Sichuanpfeffer erhalten Sie im gut sortierten Supermarkt, in einer Gewürzhandlung oder auch im Asialaden. Es gibt ihn ganz oder auch gemahlen zu kaufen. Die ganzen Fruchtkapseln sollten Sie dem Pulver vorziehen, da sie länger ihr Aroma bewahren. Sichuanpfeffer sollte luftdicht verschlossen, kühl und dunkel aufbewahrt werden.

Küchentipps:
Sichuanpfeffer wird vor der Zubereitung in einer Pfanne ohne Fett angeröstet, um sein Aroma voll zu entwickeln. Danach wird er im Mörser zerstoßen.
Sie sollten Sichuanpfeffer nicht zu lange mitkochen, da er zu sehr an Geschmack verliert. Üblicherweise wird er kurz vor dem Servieren über die Speise gegeben.

Zingiber officinale
Ingwer

Herkunft:
Asien

Essbarer Anteil:

Verwendung:

▬ FAMILIE: Ingwergewächse *(Zingiberaceae)*

▬ SYNONYME: Imber, Immerwurzel, Ingwerwurzel

▬ VERWENDUNGSFORMEN: Wurzel, frisch, getrocknet zu Pulver gemahlen oder eingelegt

▬ HERKUNFT: Die Ingwerpflanze ist eine aus den Tropen stammende mehrjährige Staude. Wahrscheinlich hat sie ihren Ursprung in Süd- und Mittelasien. Die Pflanze wird heute in Indien, Indonesien, China, Japan, Australien, Südamerika und auch in Nigeria angebaut.

▬ MERKMALE: Die Ingwerpflanze ist ein bis über 1 m hochwachsendes schilfartiges Gewächs. Dieses hat lange schmale Blätter und eine Blütenknospe, aus der sich einzelne gelb-rote Blüten entwickeln. Der Wurzelstock ist das Gewürz, das wir genießen. Es enthält ätherische Öle und Harze (Galangol, Alpinol), die den typischen Geschmack erzeugen. Genau genommen handelt es sich um das Rhizom, welches auch oft »Ingwerwurzel« genannt wird, auch wenn es sich botanisch korrekt nicht um eine Wurzel handelt.

▪ MYTHOLOGISCHES: Schon 500 v. Chr. soll der chinesische Religionsstifter Konfuzius jede seiner Speisen mit Ingwer gewürzt haben. Der tägliche Genuss von Ingwer verspricht ein langes Leben.

▪ ANWENDUNG IN DER HEILKUNDE: Ingwertee und Ingwerbäder werden in der asiatischen Alternativmedizin bei Rheuma, Muskelschmerzen oder Erkältung verordnet. Ingwer ist appetitanregend, fördert die Verdauung und löst Magenkrämpfe.

Tandoori

Diese indische Gewürzmischung, manchmal auch »Tadoori« genannt, besteht aus Ingwer, Knoblauch, Tamarinde, Kreuzkümmel, Kurkuma, Koriandersamen und Cayennepfeffer. Manchen Mischungen wird noch zusätzlich Chilipulver, Paprika, Zimt oder Nelke beigefügt. Tandoori ist würzig fruchtig und wird hauptsächlich zum Würzen von Geflügel und Lamm eingesetzt.

Schon probiert?

Kiwichutney

5 Kiwis schälen und in Würfel schneiden. 4 Schalotten schälen und sehr fein würfeln. Ein 4 cm großes Stück Ingwer schälen und sehr fein hacken. 2 EL braunen Zucker mit 1/8 l Wasser zum Kochen bringen. Die Kiwiwürfel hineingeben und darin weich kochen. Ingwer, Schalotten, 3 EL Rosinen, 1/2 TL zerstoßene Koriandersamen, Saft und abgeriebene Schale einer 1/2 Zitrone sowie 2 EL milden Essig zu den Kiwis geben und alles offen unter mehrmaligem Umrühren einkochen lassen, bis es leicht angedickt ist. Das Chutney in ein Schälchen oder Twist-Off-Glas geben und auskühlen lassen.

In der Küche

Aroma:
Ingwer ist würzig, fruchtig und aromatisch im Geschmack.
Er riecht würzig-scharf.

Verwendung:
Ingwer ist ein typisches Gewürz der fernöstlichen Küche,
fand jedoch auch großen Anklang in England, bedingt durch
dessen Vorherrschaft während des 19. Jahrhunderts im asiatischen Raum. Er würzt Currygerichte und Eintöpfe, passt
ausgezeichnet zu Geflügel und Lamm sowie zu Fisch und
Meeresfrüchten. Gemahlener Ingwer verfeinert Lebkuchen,
Printen, Milchreis, Obstsalat und fruchtige Kaltschalen.

Einkauf/Lagerung:
Frischen Ingwer bekommen Sie in der Gemüseabteilung
eines gut sortierten Supermarktes. Im Kühlschrank hält sich
der Ingwer 2–3 Wochen. Das Pulver finden Sie im Gewürzregal. Luftdicht verschlossen, kühl und dunkel aufbewahrt,
ist es über Monate haltbar. Eingelegten Ingwer können Sie im
Asiashop kaufen. Sobald sie ihn geöffnet haben, sollten sie
ihn gut verschlossen im Kühlschrank lagern.

Küchentipps:
Frischer Ingwer wird geschält und dann gehackt, gerieben
oder in hauchdünne Scheiben geschnitten. Dosieren Sie vorsichtig: Je nach Alter ist die Würzkraft unterschiedlich.

Chilisaucen und -pasten
Amerikanische Chilisaucen

Herkunft:
Amerika, Asien, Afrika

Essbarer Anteil:

Verwendung:
✗

Eigenschaft:
!

▬ PRODUKTE: Tabasco und Karibische Chilisaucen

TABASCO

▬ ENTSTEHUNGSGESCHICHTE: Tief im Süden Louisianas liegt die Geburtsstätte von Tabasco. Der Erfinder der weltberühmten Chilisauce, Edmund McIlhenny, war ein Freund von Gewürzen und Saucen. Er baute um 1860 die ersten Chilischoten an und begann, mit seiner Ernte zu experimentieren. Seine Leidenschaft für scharfe Speisen brachte ihn auf die Idee, frische Chilischoten so zu konservieren, dass möglichst wenig ihrer Schärfe verloren ging. Avery Island, das Küstenland am Golf von Mexiko, hat große Salzvorräte. Dieser Umstand könnte dafür gesorgt haben, dass McIlhenny eine Methode entdeckte, Pfefferschoten zu zerkleinern und mit Salz zu konservieren. Freunde durften das feurige Ergebnis probieren – und waren begeistert. Sein Geschäftssinn führte dazu, dass er kurzentschlossen seine Erfindung zu vermarkten begann. Er verkaufte die Sauce unter dem Namen Tabasco – ein indianisches Wort, das soviel bedeutet, wie »Land, in dem der Boden heiß und feucht ist«.

HERSTELLUNGSVERFAHREN:

Tabasco wird heute noch genauso hergestellt wie vor 130 Jahren. Es handelt sich dabei um ein reines Naturprodukt. Die Chilischoten werden in den Monaten September bis Dezember geerntet. Noch am Tag der Ernte werden die Pfefferschoten zerstampft und mit einer kleinen Menge Salz vermengt. Dieses Gemisch wird in Eichenfässer gefüllt und lagert 3 Jahre. Dabei gärt und reift die Mischung und entfaltet ihr volles würziges Aroma.

Nachdem die Chilischotenmischung lange genug geruht hat, lässt man die unerwünschte Flüssigkeit ablaufen und führt Branntweinessig hinzu. Das Ganze wird nun 4 Wochen kontinuierlich gerührt. Dann werden Schalenreste und Samenkörner abgetrennt. Anschließend wird die rote Sauce in die Flaschen abgefüllt, kartoniert und in die ganze Welt verschickt.
Das Mischungsverhältnis von Chilischoten, Salz und Branntweinessig ist nicht bekannt, da es als ein Familiengeheimnis wie ein Schatz gehütet wird.

Tabasco grün

1996 bekam die rote Pfeffersauce eine Schwester: Tabasco grün. Sie ist milder und wird aus den aromatischen Jalapeño-Schoten gewonnen. Diese Sauce ist für die Liebhaber der gemäßigt scharfen Küche gedacht.

Karibische Chilisauce

Es gibt eine Vielzahl von karibischen Chilisaucen. Gemeinsam ist allen, dass sie aus gehackten Chilis, Zwiebeln, Essig und Salz bestehen. Je nach Sorte können sie leuchtend rot sein, dann sind Tomaten zugefügt, oder auch von gelber Farbe sein, dann enthalten sie Kurkuma.

Küchentipps

Dosieren Sie die Chilisauce tropfenweise, denn so manche von ihnen ist höllisch scharf. Die grüne Tabascosauce ist sehr mild, und viele Gerichte vertragen auch einen Teelöffel von dieser Variante. Amerikanische Chilisaucen sind salonfähig. Fans der feurig-scharfen Südstaatenküche würzen die Gerichte gerne noch am Tisch etwas nach.

In der Küche

Aroma:
Je nach Verarbeitung sind die amerikanischen Chilisaucen extrem scharf bis süßlich-scharf. Tabasco grün ist im Verhältnis zu den roten schon fast mild.

Verwendung:
Die feurige Sauce gibt jeder Salsa und den beliebten Eintöpfen, wie Jambalaya und Chili con carne, erst die richtige Würze. Chicken wings und die Füllungen von Buritos, Enchiladas und Wraps werden mit ein paar Tropfen dieser Sauce gewürzt, und ein richtiger Südstaatler verfeinert sein Omelett, Rührei oder Frühstücksei ebenfalls mit dieser teuflisch scharfen Sauce.

Einkauf/Lagerung:
Tabasco finden Sie in jedem gut sortierten Supermarkt. Andere karibische Chilisaucen lassen sich bei amerikanischen Aktionswochen im Lebensmittelgeschäft oder in speziellen amerikanischen Lebensmittelläden kaufen.
Ungeöffnet können die Chilisaucen im Küchenschrank lagern. Nach dem Öffnen können sie noch sehr lange im Kühlschrank gelagert werden.

Asiatische Chilisaucen

▬ PRODUKTE: Chinesische, Koreanische, Thailändische und Malaysische Chilisauce, Sambals

CHINESISCHE UND KOREANISCHE CHILISAUCE

Neben Sojasauce ist Chilisauce das wichtigste Würzmittel der Asiaten. Sie sind in der Regel sehr salzig und stellen in der traditionellen asiatischen Küche auch eine Art Salzersatz dar. Innerhalb Chinas sind sie vor allem in Sichuan und Hunan verbreitet.

THAILÄNDISCHE UND MALAYSISCHE CHILISAUCE

Diese asiatischen Chilisaucen unterscheiden sich von den Chinesischen und Koreanischen Chilisaucen vor allem darin, dass sie in der Regel einen hohen Anteil an Ingwer haben. Von der Konsistenz sind sie auch dickflüssiger als die anderen Chilisaucen.

SAMBALS

Hierbei handelt es sich um Pasten. Ihre Konsistenz ist dicker und nicht mehr flüssig. Auch sie bestehen aus Chilischoten, die meist nur gehackt werden. Die Stückchen der Schoten lassen sich oft noch im Produkt erkennen. Ihren Ursprung haben sie in der indonesischen Küche, heute sind sie aber in vielen asiatischen Ländern fester Bestandteil der Gewürzpalette.

Es gibt sie in den unterschiedlichsten Geschmacksrichtungen. Sambal Oelek, manchmal auch Ulek genannt, ist die bekannteste Vertreterin unter den Chilipasten. Sie ist ausgesprochen scharf und sollte daher nur messerspitzenweise dosiert werden. Bei Sambal Manis handelt es sich um eine süße und eher milde Paste. Sie ist eine Mischung aus Chili- und Shrimpspaste, verfeinert mit Kaffirlimettenblättern, Kemerinnüssen, Rohrzucker und Öl. Die meisten Sambals sind bei Zimmertemperatur weich, aber es gibt auch Sambals, die fest sind und im Block verkauft werden. Die bekannteste Vertreterin ist Sambal Kacang. Unter diese Paste sind gemahlene Erdnüsse gemischt worden. Vor Gebrauch muss sie mit heißem Wasser angerührt werden.

WICHTIGER HINWEIS:

Falls Ihre Finger mit den scharfen Saucen oder Sambals in Berührung kommen, waschen Sie dann auch nach dem Kochen Ihre Hände gründlich bzw. reiben Sie nicht unbewusst Ihre Augen. Das Capsaicin der Chilischoten ist sehr aggressiv und brennt äußerst scharf.

AFRIKANISCHE CHILIPASTE

HARISSA

Diese Chilipaste stammt aus Nordafrika. Sie ist höllisch scharf und wird aus getrockneten oder frischen Chilis hergestellt. Gewürzt wird Harissa mit Knoblauch, Salz, Kreuzkümmel, Koriander und Minze. Milde Pasten enthalten zusätzlich Tomaten. Sie würzt in der arabischen Küche Suppen und Eintöpfe und färbt Mayonnaise und Reis. Mit ihr wird Lamm, Huhn und Fisch vor dem Grillen mariniert. In Nordafrika wird die scharfe Paste zum Couscous gereicht.

Schon probiert?

Gemüseauflauf mit Hirsekruste

100 g Hirse mit 150 ml Gemüsefond in einem Topf aufkochen und bei geringer Hitze mit geschlossenem Deckel ca. 30 Minuten quellen lassen.
4 Möhren schälen, halbieren und mit 4 kleinen Zucchini in schmale Streifen schneiden, 300 g Austernpilze putzen und in breite Streifen schneiden. 2 EL Öl in einer Pfanne erhitzen, Pilze und Gemüse darin anbraten, aus der Pfanne nehmen. 2 Schalotten schälen und fein hacken, 1 Knoblauchzehe pressen. 2 EL Öl in die Pfanne geben, Schalotten und Knoblauch darin glasig dünsten. Hirse mit 1 Ei, 50 g Sahne, 100 g geriebenem Parmesan, 2 EL Kürbiskernen und der Zwiebel-Knoblauch-Mischung vermengen und mit Salz, Pfeffer und Muskat abschmecken. Gemüse in eine Auflaufform geben und die Hirsemischung darüber verteilen. Im vorgeheizten Backofen bei 200° C ca. 25 Minuten überbacken. Dazu Harissa reichen.

CHILISAUCEN UND -PASTEN

> ### Schon probiert?
>
> #### Ingwer-Huhn mit Curryreis
>
> 1/4 l Wasser zum Kochen bringen. Salz, 1 TL Curry und 120 g Reis hinzugeben und 15–20 Minuten garen. Die Flüssigkeit sollte nach Ende der Garzeit vollständig vom Reis aufgenommen sein.
>
> 2 Frühlingszwiebeln in schmale Stücke schneiden, 1 kleines Stück frische Ingwerwurzel schälen und fein reiben. 1 rote Paprikaschote in Streifen schneiden.
>
> 1 EL Sonnenblumenöl erhitzen und die Frühlingszwiebeln darin andünsten. 2 Hühnerbrustfilets mit 1 EL Zitronensaft beträufeln, dazugeben und von jeder Seite ca. 1 Minute scharf anbraten. Ingwer und Paprika zugeben und kurz mitdünsten. Mit 1/8 l Gemüsebrühe und 3 EL Kokosmilch ablöschen und alles 5–10 Minuten zugedeckt garen. Kurz vor Ende der Garzeit 100 g Bambussprossen zugeben, alles mit 1/2 TL Salsa abschmecken.

In der Küche

Aroma:
Je nach Sorte schmecken die asiatischen Chilisaucen feurig und salzig bis hin zu angenehm scharf und fruchtig-süß.

Verwendung:
Chilisaucen und Sambals würzen Fischgerichte, Geflügel-gerichte und kalte Saucen, die als eigenständiges Gericht zu den Mahlzeiten gereicht werden. Sowohl in Wokgerichten wie auch in Suppen sind sie zu finden. Sambals würzen nicht nur, sondern färben auch den Reis rot.

Einkauf/Lagerung:
Asiatische Chilisaucen und Sambals finden Sie in der Asia-ecke eines gut sortierten Supermarktes oder in den zahlrei-chen Asia-Lebensmittelläden.
Sie lassen sich unangebrochen lange lagern und verlieren auch nicht an Aroma. Angebrochen kann man sie noch eini-ge Monate im Kühlschrank aufbewahren.

Küchentipps:
Scharfe Sambals und Chilisaucen lassen sich auch als Ersatz für frische oder getrocknete Chilischoten in Gerichten einset-zen.
Sambals, die als Block angeboten werden, müssen mit etwas heißem Wasser aufgelöst werden. So lassen sie sich besser dosieren.

Curry und Currypasten
Curry

Herkunft:
Asien

Essbarer Anteil:
alles

Verwendung:
✗

▬ PRODUKTE: Madras, Ceylon, Vindaloo

▬ ENTSTEHUNGSGESCHICHTE: Curry ist wohl die bekannteste Gewürzmischung. Sie ist zwar ein indisches Produkt, aber genau genommen eine Erfindung der Engländer. Die britischen Kolonialherren fanden Gefallen an der aromatischen Küche Indiens. Sie wollten nicht nur in diesem Kolonialgebiet so aromatische Gerichte genießen, sondern auch Zuhause auf der kalten Insel. Als ihnen die Gewürzvielfalt zugetragen wurde, mit der in der indischen Küche gekocht wird, schien ihnen im ersten Moment das Nachahmen unmöglich, bis sie schließlich auf die Idee kamen, von ihren indischen Köchen und Gewürzhändlern eine Mischung entwickeln zu lassen, mit der universell alle indischen Gerichte in England abgeschmeckt werden sollten. Diese Mischung wurde von den Engländern »Curry« genannt. In Indien selbst sind mit dem Begriff »Curry« Fleisch- oder auch Fischgerichte gemeint, die in einer würzig gelben Sauce zubereitet worden sind. In Indien mischt jede Hausfrau ihre eigene Currymischung für jede Mahlzeit neu, und auch bei uns gibt es nicht eine einzige Currymischung, sondern eine große Vielzahl.

▬ Herstellungsverfahren: Curry besteht in der Regel aus gemahlenen Gewürzen. Die meisten Currymischungen bestehen aus 10 bis 20 einzelnen Gewürzen. Es können aber durchaus noch mehr sein. Ein Standardrezept als solches gibt es wohl nicht. Als Faustregel kann man sich merken, dass die gelbe Farbe von der gemahlenen Kurkumawurzel kommt. Je mehr ein Curry ins rötliche geht, umso höher ist der Anteil an Chilipulver und desto schärfer ist die Mischung. Die wichtigsten geschmacksgebenden Zutaten fürs Curry sind außerdem: Ingwer, Kardamom, Kreuzkümmel, Pfeffer, Koriander, Piment und Bockshornkleesamen. Nelken, Zimt, Macis, Cayennepfeffer und Paprika sind ebenfalls häufig dabei, aber auch andere Gewürze wie getrocknetes Kokosmilchpulver, Zitronengras oder Curryblatt findet man in etwas ausgefalleneren Gewürzmischungen.

Manchen Currys ist auch Salz zugesetzt worden oder sie wurden mit dem Mehl von Hülsenfrüchten gestreckt.

Nicht bei allen Currys sind die Zutaten zu Pulver zermahlen. In manchen Würzmischungen können Sie durchaus noch einzelne Zutaten erkennen.

CURRYSORTEN

Currypulver Bengalen: Das Curry aus dem Nordosten von Indien ist im Vergleich zu anderen Mischungen extrem würzig. Der Anteil an Kreuzkümmel, Koriander und Chili ist bei diesem Curry meist ein bisschen größer als bei den anderen Sorten.

Currypulver Madras: Currypulver aus der südöstlichen Hafenstadt Madras und deren Umgebung ist meist fruchtig-mild. Es enthält in der Regel Kardamom, gemahlen mit der grünen Kapsel. Curry Madras ist sehr voll im Aroma und würzt daher besonders rund ab.

Currypulver Ceylon: Diese Gewürzmischung spiegelt den Inselcharakter Sri Lankas wider. Das Curry schmeckt ein bisschen salzig nach Meer und kratzt vielleicht aufgrund des Pfefferanteils ein wenig stärker als die anderen Sorten.

Currypulver Vindaloo: Dieses Pulver stammt aus Goa, das bis 1962 noch unter portugiesischem Schutz stand. Dieses Pulver ist sehr mild und ein wenig säuerlich, bedingt durch den hohen Anteil an Knoblauch und Tamarinde.

In der Küche

Aroma:

Je nach Verarbeitung der Zutaten ist Curry fruchtig-würzig bis kratzig-scharf. Currymischungen gibt es auch mit Geschmacksbeschreibungen zu kaufen.

Verwendung:

Curry und Reis sind zwei unzertrennbare Zutaten. Curry würzt aber auch Fleisch-, Fisch und Gemüsegerichte. Besonders gut harmoniert es mit Okras, Wurzelgemüse und Hülsenfrüchten. Aber auch Bananen oder Mangos lassen sich gerne vom Curry verfeinern.

Einkauf/Lagerung:

Curry finden Sie in jedem Supermarkt. Für besondere, ausgefallene Currymischungen müssen Sie die Gewürzhandlung oder den asiatischen Lebensmittelshop aufsuchen. Curry können Sie über einen längeren Zeitraum luftdicht verschlossen, kühl und dunkel lagern.

Küchentipps:

Curry entwickelt sein volles Aroma, wenn es in etwas Fett angedünstet wird. Rösten Sie es nicht zu lange, denn es brennt schnell an und schmeckt dann bitter. Haben Sie immer etwas Brühe oder Wasser zum Ablöschen parat.

Curry harmoniert besonders gut mit Kokosmilch, Chilis, Zwiebeln und Knoblauch.

Currypasten

■ PRODUKTE: grüne, rote Massamam

■ ENTSTEHUNGSGESCHICHTE: Currypasten gibt es nicht nur in Indien, sondern vor allem in Indonesien und in Thailand würzt man gerne mit Pasten. Auch hier gibt es wie beim Curry eine unzählige Vielfalt an Pasten. Sie unterscheiden sich bezüglich ihrer Zutaten und sind in unterschiedlichen Geschmacks-richtungen und Farben erhältlich.

■ HERSTELLUNGSVERFAHREN: Bei Currypasten handelt es sich grundsätzlich um streichfähige bis zähflüssige Pasten. Die Gewürze werden in der Regel in Fett angeröstet und in Öl konserviert. Die Pasten bestehen normalerweise aus roten oder grünen Chilischoten. Weitere Gewürze sind Koriander, Kreuzkümmel, Ingwer und Knoblauch. Oft sind ihnen Garnelenpaste, geröstete Erdnüsse und angedünstete Zwiebeln untergemischt worden. Je nach Geschmacksrichtung findet man Zitronengras, Zimt, Nelke, Sternanis und Kardamom unter den Zutaten. Im westlichen Kulturkreis sind sie immer in Schraubgläsern abgefüllt und lassen sich mit einem Löffel sehr gut dosieren.

CURRYPASTENSORTEN

Rote Currypaste: Diese Paste ist in Indonesien weit verbreitet und besteht aus Koriander, Kreuzkümmel, schwarzem Pfeffer, Garnelenpaste, Muskat, roten Chilis, Öl, Zitronengras, Knoblauch, frischen Korianderwurzeln, Koriandergrün, Kaffirlimettenblättern, Salz und ein wenig Kurkuma. Die rote Farbe ensteht durch den hohen Anteil an Chilischoten. Rote Currypaste ist höllisch scharf und gleichzeitig erfrischend.

Grüne Currypaste: Auch die grüne Currypaste ist insbesondere in Indonesien weit verbreitet. Im Gegensatz zur roten Currypaste enthält sie grüne Chilischoten, Zwiebeln, frischen Galgant und einen höheren Anteil an Koriandergrün. In ihrer Schärfe sollte man auch diese Paste nicht unterschätzen.

Massamam-Currypaste: Die Massamam-Currypaste ist eine muslimische Spezialität aus Südthailand und wird aus getrockneten Chilischoten hergestellt. Sie enthält ebenfalls Koriander, Kreuzkümmel, Pfeffer, frischen Galgant, Garnelenpaste, Zitronengras, Zwiebeln und Knoblauch. Die Gewürznelke rundet das Aroma ab und gibt der Paste ihren unverkennbaren Geschmack.

Madras-Currypaste: Hierbei handelt es sich um eine indische Currypaste. Sie besteht aus Chilis, Ingwer, Zwiebeln, Knoblauch und Kokosnusspulver. Ferner ist sie mit Kreuzkümmel, Koriander, Kardamom, Zimt, Curryblättern und Kurkuma gewürzt. Öl und Essig verbinden diese Gewürzvielfalt.

Schon probiert?

Currypulver selbstgemacht

5 grüne Kardamomkapseln zerstoßen und nur die Samen verwenden. Diese zusammen mit 6 EL Kreuzkümmel, 2 EL Koriandersamen, 2 EL Bockshornkleesamen und 4 kleinen getrockneten roten Chilischoten einige Minuten in einer beschichteten Pfanne ohne Zugabe von Fett unter Rühren rösten. Dann alles im Mörser oder in einer Kaffeemühle, die ausschließlich für Gewürze genutzt wird, zermahlen. Danach 3 Messerspitzen gemahlene Gewürznelke, 3 Messerspitzen gemahlene Muskatnuss, 2 EL Zimt, 1 EL Ingwerpulver und 2 EL Kurkumapulver unterrühren. Die Mischung gut verschlossen aufbewahren.

In der Küche

Aroma:
Je nach Sorte schmecken Currypasten feurig bis hin zu angenehm scharf und fruchtig.

Verwendung:
Currypasten würzen Fisch-, Geflügelgerichte und Lammfleisch. Sie werden unter Gemüse gemischt und verfeinern Reisgerichte.

Einkauf/Lagerung:
Currypasten erhalten Sie im Asialaden, in Gewürzhandlungen und in großen, gut sortierten Supermärkten. Sie lassen sich unangebrochen lange lagern und verlieren auch nicht an Aroma. Angebrochen kann man sie noch einige Monate im Kühlschrank aufbewahren, insbesondere dann, wenn Ingwer zu den Zutaten gehört, da dieses Gewürz eine konservierende Wirkung hat.

Küchentipps:
Currypasten können Sie in Speisen einrühren oder mit ihnen auch gut Fleisch und Fisch marinieren. Seien Sie sparsam, denn sie sind oft höllisch scharf, besonders im Nachgeschmack.
Currypasten lösen sich in warmen Gerichten sehr gut auf. In kalte Gerichte müssen sie sehr gründlich eingerührt werden.

Fischsaucen und -pasten
Asiatische Produkte

Herkunft:
Asien, Europa

Essbarer Anteil:
alles

Verwendung:
✗

▬ PRODUKTE: Austernsauce, Asiatische Fischsauce, Garnelenpaste, Sardellenpaste, Lachspaste, Kaviarcreme

▬ ENTSTEHUNGSGESCHICHTE: Früher wurde – in ärmeren Ländern ist es immer noch so – nichts Essbares weggeworfen. Aus den Resten von Fisch, Krustentieren und Muscheln entstanden so die Pasten.

▬ HERSTELLUNGSVERFAHREN: Egal, ob es sich um eine Fisch- oder Garnelenpaste handelt, das Herstellungsverfahren variiert kaum. Das ausgelöste Fisch- oder Krustentierfleisch wird mit Salz eingelegt und fermentiert. Je nach Region werden der Grundsubstanz Sojasauce und/oder Gewürze unterschiedlichster Art beigemischt. Das Ergebnis ist in der Regel ähnlich. Es entsteht eine salzige, meist streng nach Fisch riechende Paste, die von flüssiger über cremiger bis hin zu bröckeliger Konsistenz reicht.

Je nach Land heißen sie anders: in Indonesien werden sie »trassi« genannt, auf Malaysia »blachan« und in Thailand »gapi«.

GARNELENPASTE

Sie wird auch Shrimpspaste genannt. Die beißendscharfe Paste wird aus getrocknetem Garnelenfleisch und Salz hergestellt. Sie riecht penetrant nach Fisch, dieser Geruch verliert sich beim Kochen mit der Paste jedoch. Man kann sie in Dosen, Gläsern oder auch im Block kaufen. Sie passt ausgezeichnet zu indonesischen Fleisch- und Geflügelgerichten.

ASIATISCHE FISCHSAUCE

Diese dünnflüssige Sauce wird aus fermentiertem Fisch, wie Makrelen, Sardellen und Tintenfischen, produziert. Sie enthält sehr viel Salz und hat in Thailand und Vietnam die gleiche Aufgabe wie bei uns der Salzstreuer am Esstisch. Mit ihr werden Wokgerichte, Suppen und Saucen anstelle von Salz abgeschmeckt.

Austernsauce

Hierbei handelt es sich um eine dickflüssige, dunkle Sauce. Bestandteile sind gekochtes, fermentiertes Austernfleisch mit Sojasauce versetzt. Sie ist ein Universalwürzmittel in Südostasien und würzt Fisch-, Fleisch- und Gemüsegerichte.

Schon probiert?

Rindfleisch mit Pilzen

250 g Rinderfilet in schmale Streifen schneiden. Je 3 EL Marsala und Sojasauce sowie je 1 EL Garnelenpaste und Speisestärke verrühren, über das Fleisch geben und 30 Minuten ziehen lassen. 1 kleines Stück Ingwer schälen und fein hacken, 1 Knoblauchzehe und 2 kleine Zwiebeln schälen und in feine Scheiben schneiden, 100 g Champignons putzen und vierteln. Öl in einer Pfanne erhitzen, Rindfleisch aus der Marinade nehmen und unter Rühren bei starker Hitze ca. 3 Minuten anbraten. Ingwer, Knoblauch und Zwiebeln zugeben, mitbraten, Marinade zugießen und alles 3 Minuten köcheln lassen. Mit Salz und Pfeffer abschmecken und mit gerösteten Sesamsamen bestreuen. Dazu Reis servieren.

IN DER KÜCHE

AROMA:
Je nach Sorte schmecken die asiatischen Fischsaucen und -pasten salzig bis hin zu scharf.

VERWENDUNG:
Fischsaucen und -pasten würzen Fisch- und Fleischgerichte, Wokgerichte sowie Suppen und Saucen.

EINKAUF/LAGERUNG:
Fischsaucen und -pasten bekommen Sie im Asiashop. Es gibt sie flüssig in Flaschen, als streichfähige Pasten in Gläsern und schnittfest bis hart im Block. Sie lassen sich unangebrochen lange lagern und verlieren auch nicht an Aroma. Selbst angebrochen kann man sie noch Jahre im Kühlschrank aufbewahren.

KÜCHENTIPPS:
Rühren Sie die Saucen und Pasten in heiße Flüssigkeiten ein. Bei den festen Pasten müssen Sie darauf acht geben, dass sie sich auflösen.
Der Salzgehalt der Fischsaucen und -pasten ist oft so hoch, das ein zusätzliches Salzen unnötig ist.

Europäische Produkte

KAVIARCREME

Nicht immer handelt es sich hierbei um den Rogen des Störs, oft enthält Kaviarcreme nur Dorschrogen. Häufig verrät der Preis, ob die Paste echten Kaviar beinhaltet. Neben dem Rogen enthält die Creme Öl, Essig, Salz und Zucker sowie Kartoffelflocken als Bindemittel. Je nach Sorte sind Gewürze wie Dill oder Senfmehl untergemischt. Die Creme ist fein salzig und muss kühl lagern.

LACHSCREME

Eine Spezialität aus Nordeuropa, die aus Lachs, Dorschrogen, Öl, Essig und Salz besteht. Sie muss gekühlt werden und ist nicht sehr lange lagerbar. Sie ist ideal für hart gekochte Eier, zum Abschmecken von Saucen und Suppen sowie als Brotaufstrich.

SARDELLENPASTE

Auch Anchovispaste genannt. Hierbei handelt es sich um eine Paste aus Sardellenfleisch, Salz und etwas Essig. Je nach Variante kann die Paste auch unterschiedlichste Gewürzmischungen enthalten. Von Spanien über Südfrankreich bis Italien meinen alle, diese Paste erfunden zu haben. Es gibt sie auch bei uns in der Tube zu kaufen. Mit ihr lässt sich so manche Sauce verfeinern. Sie muss stets kühl gelagert werden und ist streichfähig.

In der Küche

Aroma:
Die europäischen Fischsaucen und -pasten sind eher fischig und ein bisschen salzig.

Verwendung:
Fischsaucen und -pasten würzen Saucen und Suppen. Insbesondere intensivieren sie den Geschmack von Fischgerichten. Sie passen gut zu hart gekochten Eiern und können als Brotaufstrich gegessen werden.

Einkauf/Lagerung:
Sardellencreme gibt es in der Tube in fast jedem Supermarkt zu kaufen. Bei der Kaviar- und Lachscreme müssen Sie schon eher ein Delikatessengeschäft aufsuchen, um fündig zu werden. Diese Fischpasten und -cremes lassen sich nicht sehr lange lagern und sollten im Kühlschrank aufbewahrt werden. Nachdem sie angebrochen wurden, müssen sie bald verbraucht werden.

Küchentipps:
Diese aufgeführten europäischen Fischpasten – mit Ausnahme der Sardellencreme – vertragen keine Hitze und dürfen nur kalt oder unmittelbar vor dem Servieren unter die Speisen gerührt werden.
Die Qualität von Sardellencreme ist stark vom Preis des Produktes abhängig.

Salzige Extrakte

Herkunft:
Europa

Essbarer Anteil:
alles

Verwendung:
✗

BRÜHWÜRFEL/GEKÖRNTE BRÜHE

▬ PRODUKTE: Brühwürfel, Gekörnte Brühe, Hefeextrakt

▬ ENTSTEHUNGSGESCHICHTE: Der Brühwürfel ist der Klassiker unter den Suppengewürzen. Von der Firma Maggi wurde er erstmals 1900 vertrieben und ist bis heute aus ihrem Sortiment nicht wegzudenken. Der Brühwürfel wird immer mehr von der gekörnten Brühe bzw. der Instantbrühe abgelöst. Erst sehr spät, in der 70er- und 80er-Jahren, wurde sie zur Grundlage von Suppen und Eintöpfen. Oft wird sie als Salzersatz verwandt und ist heute der Marktführer unter den Brühen.

▬ HERSTELLUNGSVERFAHREN: Brühwürfel bestehen aus eingedicktem Fleisch- oder Gemüseextrakt. Sie werden in quadratischer Form gefriergetrocknet und dabei das restliche Wasser entzogen. Bei der Herstellung werden wie beim Kochen einer Suppe im Haushalt Knochen, Fleisch, Gemüsewürfel in Fett angeröstet, mit Wasser aufgegossen und durch das Sieden die Geschmacksstoffe schonend aus den Zutaten gelöst. Gewürzt wird das Ganze mit Gewürzen und Salz. Industriell werden diese gekochten Brühen dann eingedickt und gefriergetrocknet.

Hefeextrakt

▬ Entstehungsgeschichte: Der deutsche Chemiker Justus von Liebig sowie der französische Biologe und Chemiker Louis Pasteur entwickelten im 19. Jahrhundert ein Verfahren, wie sich industrielle Extrakte herstellen lassen können, die langfristig haltbar sind. Der Hefeextrakt als Würze erlebte zu Beginn dieses Jahrhunderts mit der Entdeckung der Vitamine und ihrer Wirkung auf den menschlichen Organismus seine Renaissance, denn er ist reich an B-Vitaminen.

▬ Herstellungsverfahren: Es gibt zwei Verfahren zur Herstellung von Hefeextrakten. Bei der Autolyse wird den Hefekulturen 50° C warmes Wasser zugesetzt. Bei diesen Temperaturen sterben die Hefezellen, die Enzyme des Zellinhaltes bleiben aber weiter aktiv. Die Hefeenzyme zerstören die Zellwände und die Inhaltsstoffe können austreten, alle Eiweiße werden zu Aminosäuren zerlegt. Die Flüssigkeit wird anschließend gefiltert und eingedampft. Die Säurehydrolyse ist ein chemisches Verfahren, bei dem Hefekulturen mit Hitze und Salzsäure behandelt und mit Natronlauge oder Natriumcarbonat neutralisiert werden. Die Zerstörung und Fermentation der Hefekulturen wird bei dem zweiten Verfahren beschleunigt.

Schon probiert?

Scharfe Tomatensuppe

1 rote Zwiebel würfeln, 2 große Dosentomaten durch ein Sieb passieren, Saft auffangen. 2 EL Öl in einem großen Topf erhitzen, Zwiebel andünsten, 1 Knoblauchzehe hinzupressen, Tomaten mit Saft zugeben. Mit je 1/2 TL Oregano und Chilipulver, etwas Salz, 1 TL gekörnter Brühe und 1 EL Zucker abschmecken, 10 Minuten köcheln lassen.

Dazu separat Avocadowürfel, Shrimps und Croûtons reichen.

In der Küche

Aroma:
Alle salzigen Extrakte schmecken, wie der Name schon sagt, salzig, aber auch würzig und pikant.

Verwendung:
Die salzigen Extrakte sind ein beliebtes Produkt und ersetzen gerne Salz in der pikanten Küche. Neben dem Würzen von Suppen und Eintöpfen werden mit ihnen auch Fleisch- und Fischgerichte, Gemüsegerichte, Saucen, Aufläufe und pikante Kuchen gewürzt.

Einkauf/Lagerung:
Ein Mindesthaltbarkeitsdatum ist stets aufgedruckt. Die Produkte sollten trocken, dunkel und kühl im Küchenschrank gelagert werden. Die Gläser sollten immer wieder gut verschlossen werden, denn das Salz in den Extrakten zieht die Feuchtigkeit aus der Luft an, und dann lässt sich das Instantpulver schlechter dosieren.

Küchentipps:
Setzen Sie die salzigen Extrakte anstelle von Salz ein, aber nicht zusätzlich, sonst sind die Gerichte schnell versalzen.
Viele Instantpulver lassen sich kalt anrühren, andere nur in heißer Flüssigkeit. Dies ist auf der Verpackung vermerkt. Achten Sie beim Zubereiten von kalten Gerichten darauf, sonst löst sich das Pulver unter Umständen nur schwer auf.

Senf

Herkunft:
Asien, Europa

Essbarer Anteil:

Verwendung:

▬ PRODUKTE: nach Geschmacksrichtungen: süßer, milder, mittelscharfer, scharfer, extrascharfer Senf;
nach Herkunft: deutscher, französischer, englischer, amerikanischer Senf

▬ ENTSTEHUNGSGESCHICHTE: Senf gehört zu den ältes-ten Gewürzpasten der Welt. Bereits im antiken Ägypten, in Griechenland und im Römischen Reich war Senfmehl als Gewürz bekannt und wurde z. B. zum Konservieren von Fleisch eingesetzt. Ein aus dem 4. Jahrhundert n. Chr. stammendes Rezept eines Römers namens Paladius belegt, dass es schon damals Senf in der heutigen Zusammensetzung gab: Zur gemahlenen Senfsaat wird Honig, Olivenöl und Essig hinzugefügt.

Senf kam sicherlich schon mit den Römern an den Rhein, aber richtig populär wurde er etwa im 10. Jahrhundert in Deutschland und Frankreich. Die britische Insel eroberte er kulinarisch erst im 12. Jahrhundert. 1634 erhielt die Stadt Dijon das alleinige Recht der Senfherstellung in Frankreich und ist heute noch als die europäische Senfstadt berühmt.

Da Senfsaat überall in den gemäßigten Breiten wächst und eine äußerst genügsame Pflanze ist, gibt es überall in Europa regionale Senfspezialitäten. Manch eine dieser Senfsorten kann auf eine

Maischebottich in der Senfmühle Monschau

lange Tradition zurückblicken, andere sind im Zuge der Globalisierung untergegangen und einige wenige erleben gerade ihr Comeback. Eine Senfkultur gibt es also in allen europäischen Ländern, sei es nun tschechischer, schwedischer oder belgischer Senf – überall sind Spezialitäten zu entdecken. Aufgrund der breiten Vermarktung der deutschen, französischen und englischen Senfsorten werden nur diese im Detail vorgestellt, was andere nationale Senfsorten nicht abwerten soll.

▬ HERSTELLUNGSVERFAHREN: Die Senfkörner werden verschrotet. Dafür kommen die Samen in den Walzquetschstuhl und bei diesem Vorgang werden die Schalen aufgesprengt. Bei den in großen Mengen industriell produzierten Senfsorten wird das Senfschrot unter großem Druck gepresst. Dabei läuft das

Senföl teilweise ab und der Senfkuchen wird in Trockenmahl-
gängen zu feinem Pulver vermahlen. In den kleinen Senfmühlen
wird das Senfschrot mit Essig und Salz im Maischebottich angerührt und vermischt. Hier sollte die Senfmaische ruhen. So kann
sich schon jetzt das besondere Bukett der jeweiligen Senfsorte
entwickeln. Danach wird die Maische gemahlen. Dabei erhält
der Senf seine besondere Konsistenz, d.h. eine gleichmäßige,
intensive und vor allem dauerhafte Verbindung aller Bestandteile. Senfmehl kann je nach Vermahlungsgrad die 3- bis 4-fache
Menge an Wasser binden. Für diesen Vorgang sind die quellfähi-
gen Kohlenhydrate verantwortlich. Bei der traditionellen Herstellung entfaltet sich das Aroma besser und die ätherischen Öle
bleiben in höherem Maße erhalten.

Auch wenn das Verfahren mehr oder weniger überall gleich ist,
gibt es große Unterschiede zwischen den Senfsorten, die sich
folgendermaßen erklären lassen: Senf kann aus drei verschiedenen Senfkörnern hergestellt sein bzw. aus einer Mischung der
Senfsaat. Weiße Senfkörner *(Sinapis alba)* sind eher mild, schwarzer Senf *(Brassica nigra)* ist besonders scharf (er findet heute nur
wenig Verwendung), und brauner Senf *(Brassica juncea)* wird
sehr häufig eingesetzt (er teilt sich in weitere Unterarten auf).

Auch die Essigsorten entscheiden über den Geschmack des
Senfs. Neben Branntweinessig finden Apfelessig, Malzessig und
andere Sorten ihren Einsatz. Es muss auch nicht immer Essig
sein, der aus dem Senfmehl eine Paste macht, bei manchen Senfsorten wird auch Traubenmost verwendet. In die Senfgrund-
masse gibt dann jede Senfmühle nach ihrem persönlichen Geschmack oder nach einem alten Familienrezept Gewürze, Aromen, Honig oder Alkoholika hinzu.

Senf und seine Geschmacksrichtungen

Süßer Senf: Bei diesem Senftyp handelt es sich um eine Mischung aus weißen und braunen Senfkörnern. Sie werden nur grob vermahlen, leicht geröstet und mit Zucker oder Honig gesüßt. Süßer Senf schmeckt süßlich und ist auch unter dem Namen »Bayerischer Senf« bekannt. Er passt traditionsgemäß besonders gut zu Weißwürsten und Leberkäse.

Milder Senf: Dieser Senf ist in Deutschland die verbreitete Sorte und wird auch Delikatess- oder Tafelsenf genannt. Er wird vorwiegend aus weißen Senfkörnern hergestellt und schmeckt feinwürzig.

Mittelscharfer Senf: Er wird zu gleichen Teilen aus weißen und braunen Senfkörnern hergestellt. Er ist schon ein gutes Stück schärfer und wird von Kindern meistens schon als zu scharf abgelehnt.

Scharfer Senf: Die braunen Körner bilden hier den überwiegenden Anteil. Er ist schon so scharf, dass er schnell ein paar Tränchen in die Augen schießen lässt.

Extrascharfer Senf: Die über Deutschland hinaus bekannteste Marke ist hier wohl der Düsseldorfer Löwensenf. Er ist kaum in seiner Schärfe zu überbieten und besteht zum größten Teil aus braunen Senfkörnern. Eine kleine Portion von diesem Senf genossen, brennt scharf auf der Zunge und kann die Nase befreien.

Deutschlands Senfkultur

A.B.B.-Senf: Er ist Deutschlands ältester Senf. 1726 eröffnete die Familie Esser die erst deutsche Senffabrik, die 1781 in den Besitz der Familie Bergrath überging. 1800 übernahm Adam Bernhard Bergrath die Firma und druckte seine Initialen auf die weißen Keramikpötte. Das ist bis heute so geblieben. Wöchentlich gehen etwa 800 kg über die Theke des nur in Düsseldorf zu beziehenden Senfs. Oft fliegen die Senfpötte auch als Souvenir in die große weite Welt.

Senf im Osten: Im Westen der Republik fast unbekannt, von nahezu jedem DDR-Bürger geliebt, ist der Bautzner Senf. Neben diesem scharfen Nostalgieprodukt aus der Oberlausitz sollten Sie, falls sich die Gelegenheit ergibt, Altenburger Senf aus der Skatstadt Altenburg in der Nähe von Leipzig probieren. Ein Newcomer auf dem Senfmarkt ist Niederfinower Senf aus der Uckermark, den es unter anderem mit dem Zusatz Brennnessel gibt. Im Osten hat man auch gerne auf tschechischen Senf zurückgegriffen, der körniger als der einheimische war.

Senf im Süden: Aus Bayern kommt der süße Senf. Noch vor wenigen Jahren musste man sich noch in südliche Gefilde begeben und den Weißwurstäquator übertreten, um an diese süßliche Senfspezialität zu gelangen. Einen echten Bayern erkennen Sie daran, dass er seine Weißwürste niemals ohne den süßen Senf genießt.

FRANKREICHS SENFKULTUR

Dijoner Senf: Auch wenn Frankreich seit langem zentralistisch regiert wird, so haben sich doch die kulinarischen Spezialitäten meist außerhalb von Paris entwickelt und wurden dann allerdings im großen Stil in der Hauptstadt genossen. So ist es auch mit dem Senf, der aus der Hauptstadt Burgunds, aus Dijon, stammt. Das Besondere an diesem Senf ist, dass das Senfmehl nicht mit Essig, sondern mit dem Saft unreifer Trauben oder mit Most vermischt wird. Außerdem werden bei den scharfen Vertretern die Samenhüllen ganz bis teilweise entfernt, und dies verleiht dem Senf eine besondere Schärfe.

Es gibt den »Moutarde de Dijon« in drei verschiedenen Grundgeschmacksrichtungen: mild, mittelscharf und extrascharf. Die

Senfkörner können grob und fein vermahlen sein, und natürlich gibt es diesen Senf mit den unterschiedlichsten Kräuterzusätzen. Estragon oder grüner Pfeffer gehören zu den Klassikern der französischen Senfkultur, mittlerweile findet man aber auch andere Sorten wie Kräuter der Provence, Schnittlauch oder Champagner als Geschmacksverfeinerung.

Bordeaux-Senf: Bei diesem Senf handelt es sich um eine milde Sorte. Er enthält einen höheren Anteil an Samenhüllen und mindestens 20 Prozent Senfpulver. Er ist dunkelgelb und hat im Beaujolais-Senf einen roten Geschmacksvertreter gefunden.

Rôtisseur-Senf: Hierbei handelt es sich um einen dunkelgelben, mittelscharfen, grobgemahlenen Senf, der noch einen großen Teil an Senfkörnern enthält. Rôtisseur ist eine Berufsbezeichnung für »Grillierer« und weist nicht auf eine Stadt oder Region hin.

ENGLISCHE UND AMERIKANISCHE
SENFKULTUR

Auf der Insel ist immer alles ein bisschen anders als auf dem Kontinent. Am liebsten rühren die Briten ihren Senf selbst an. Daher gibt es dort auch Senfpulver zu kaufen, dass mit ein wenig Wasser frisch angerührt wird.
Neben diesem Pulver haben die Briten aber auch ihre eigenen Senfspezialitäten.

Englischer Senf: Im Gegensatz zum kontinentalen Senf wird er zum überwiegenden Teil aus braunen Senfkörnern hergestellt. Die englischen Spitzensenfs werden auch nicht mit Branntweinessig hergestellt, sondern enthalten milden Malzessig. Auch hier gibt es Unterschiede bezogen auf den Zermahlungsgrad des Senfkorns. Eine besondere Spezialität ist das Zusetzen von Whisky, von Bier oder auch von Minze.

Amerikanischer Senf: In Amerika finden Sie ein Spiegelbild zur europäischen Senfkultur. Je nachdem woher die Vorfahren der dort Ansässigen kamen, hat der Senf mal mehr Ähnlichkeit mit dem englischen, französischen oder dem deutschen Senf. Und doch hat amerikanischer Senf auch seine Eigenständigkeit und Einmaligkeit gegenüber Europa entwickeln können, so wird z. B. der Senf mit Bourbon statt Whisky verfeinert. Als Grundprodukt werden amerikanische Senfsamensorten verwendet, und die Schärfe und der Geschmack werden den Vorlieben der Amerikaner angepasst.

WUSSTEN SIE ...

Aufgrund der Zugabe von Most erhielt der Senf den Namen *mustum ardens*, zu deutsch »brennender Most«. Daraus entstanden das französische Wort »Moutarde« und das englische Wort »Mustard« für Senf. Je nach Sprachregion sprechen wir auch im Deutschen vom »Mostrich« bzw. »Mostert«.

ANWENDUNG IN DER HEILKUNDE: Senf ist ein bewährtes Hausmittel. Wadenwickel aus Senf sollen Krämpfe lösen. Senf in Brühe aufgelöst soll schleimlösend sein, und wie wir aus eigener Erfahrung wissen, nach einem scharfen Senf hat man die Nase frei und kann wieder tief durchatmen.

AROMATISIERTER SENF

Senf mit Aromazusätzen gibt es genauso lange wie den Senf als solchen. Klassiker sind Kräutersenfs und Meerrettichsenf. Mittlerweile kennt die Geschmacksvielfalt keine Grenzen. So finden Sie Senf mit Zusätzen von Tomaten, Chilis, Mohn, Ananas, Brennnesseln und Beeren.

KÜCHENTIPPS

Mit Senf lassen sich Fleisch und Fisch marinieren. Senf verträgt keine Hitze über einen längeren Zeitraum, die ätherischen Öle verfliegen. Geben Sie Senf daher immer erst am Ende der Garzeit zum Gericht.

Beim Salatdressing den Senf immer zuerst mit dem Essig verrühren und dann das Öl hinzugeben, sonst flockt er schnell aus.

In der Küche

Aroma:

Je nach Verarbeitung der Zutaten ist Senf mild-süß bis brennend scharf. Senf gibt es auch mit den unterschiedlichsten Gewürz-, Aromen- und Alkoholzusätzen.

Verwendung:

Senf gehört zum Würstchen wie die Butter zum Brot. Aber auch Saucen, Bratenfleisch, Geflügel, kaltes Fleisch und Wurst werden mit Senf gewürzt. Senf passt zu Mayonnaise und in Salatsaucen. Fisch, insbesondere Hering und Lachs, werden ebenfalls mit Senf verfeinert.

Einkauf/Lagerung:

Senf von Thomy, Hengstenberg, Kühne, Maille usw. finden Sie in jedem Supermarkt. Senf gibt es in Gläsern und in Tuben. Es lohnt sich aber, auch mal den einen oder anderen Senf aus einer kleinen regionalen Mühle zu testen. Sie werden dann feststellen, dass Senf nicht gleich Senf ist. Für ganz besonders edle Spezialitäten müssen Sie das Gewürzhaus aufsuchen. Auch wenn der Senf keine Konservierungsstoffe enthält, kann man ihn bis zu 1 Jahr lagern. Geöffnete Senfgläser und -tuben sollten im Kühlschrank aufbewahrt werden.

Sojasauce und Würzsaucen auf Sojabasis

Sojasauce

Herkunft:
Asien

Essbarer Anteil:
alles

Verwendung:
✗

Eigenschaft:
❗

■ PRODUKTE: Japanische und Chinesische Sojasauce

■ ENTSTEHUNGSGESCHICHTE: Sojasaucen sind ein sehr altes Würzmittel in der asiatischen Küche. Vermutlich haben sie ihren Ursprung in China. Quellen aus dem 6. Jahrhundert n. Chr. sprechen von einer dunkelbraunen Sauce auf Basis von Soja. Neben der chinesischen und der japanischen Sojasauce hat natürlich auch jedes andere asiatische Land seine eigene Variante.

■ HERSTELLUNGSVERFAHREN: Traditionell entsteht Sojasauce auf natürliche Weise in einem mehrere Monate langen Prozess. Zuerst werden Sojabohnen oder eine Mischung aus Sojabohnen und Weizen zermahlen. Die geschroteten Sojabohnen bzw. die Getreidemischung wird unter Zusatz eines Schimmelpilzes *(Aspagillus)* mit Wasser und Salz vermengt, damit eine Gärung in Gang gesetzt wird. Das pflanzliche Eiweiß wird enzymatisch zersetzt, dadurch entsteht die braune Farbe und das würzige, volle Aroma der Sauce. Im Idealfall reift die Maische mehrere Monate bis zu 1 Jahr. Um Zeit und damit Produk-

tionskosten zu sparen, wurde ein Verfahren entwickelt, bei dem in nur wenigen Tagen die Sojasauce hergestellt ist. Hier wird der Maische Säure zugesetzt. Farbe, Geschmack und Aroma bei diesen schnell erzeugten Sojasaucen wird durch Maissirup, Karamellfarbstoffe und Geschmacksverstärker erzeugt. Diese Zusätze sind deklarierungspflichtig und so lässt sich eine gute, traditionell gebraute Sojasauce, die keiner Zusätze bedarf, leicht von einer minderwertigen Sauce unterscheiden.

Chinesische Sojasauce

Die original chinesische Sojasauce wird nur aus Sojabohnen gebraut. Es gibt eine dunkle und eine helle Variante. Die dunkle wird länger als die helle Sauce gelagert und ist im Geschmack milder.

Japanische Sojasauce

Sie wird auch Shoyu genannt. Vermutlich wurde sie 1000 Jahre später als die chinesische Sojasauce aus dieser weiterentwickelt. Sie besteht nicht nur aus Sojabohnen, sondern auch aus Weizen. Auch in Japan gibt es eine helle und eine dunkle Variante. Die helle Sojasauce ist salziger, aber auch milder im Geschmack. Sie lagert nicht so lange, und während des Fermentationsprozesses wird ihr Amazake, eine süße Flüssigkeit, zugesetzt.

Wichtiger Hinweis:

In der Vergangenheit wurden immer wieder Sojasaucen mit hohen Mengen an Chlorpropanolen gefunden, insbesondere bei nicht traditionell gebrauten Produkten. Diese Substanz steht unter dem Verdacht, krebserregend zu sein. Die europäische Kommission hat daher den gesetzlichen Höchstwert auf 0,02 mg/kg festgelegt, und diese Vorschrift ist seit dem 1. April 2002 in allen EU-Staaten verbindliches Recht.

In der Küche

AROMA:
Sojasaucen schmecken salzig, würzig und je nach Sorte sogar etwas süßlich.

VERWENDUNG:
Sojasauce ist das wichtigste Würzmittel der asiatischen Küche. Sie passt zu Fleisch-, Fisch-, Geflügel- und vegetarischen Gerichten. Besonders gut geeignet ist sie zum Marinieren von Tofu, zum Würzen von Saucen und Suppen sowie zum Nachwürzen von asiatischen Gerichten am Tisch.
Sojasauce ist auch die Tunke, in die die köstlichen Sushis getaucht werden müssen, bevor sie im Mund verschwinden.

EINKAUF/LAGERUNG:
Sojasauce bekommen Sie im Supermarkt, im Asialaden oder auch im Feinkostgeschäft. Es gibt sie in Flaschen zu kaufen; 1/4-l-Flaschen sollten bevorzugt werden, denn auch wenn sie lange lagerbar sind, verlieren Sojasaucen geöffnet mit der Zeit an Aroma. Obwohl die Aufbewahrung der geöffneten Flaschen bei Zimmertemperatur den Produkten nicht schadet, sollte Sojasauce am besten im Kühlschrank gelagert werden.

KÜCHENTIPPS:
Mit Sojasauce können Sie sowohl kalte wie auch heiße Speisen würzen. Den Salzgehalt von Sojasauce sollten Sie nicht unterschätzen, ein zusätzliches Salzen ist oft unnötig.

Würzsaucen auf Sojabasis

▬ **PRODUKTE:** Bohnensauce, Hoisinsauce, Teriyaki, Tamari, Ketjap Benteng, Miso

BOHNENSAUCE

Hierbei handelt es sich um eine dunkle, dickflüssige Sauce, die sich vor allem im Norden und Westens Chinas großer Beliebtheit erfreut. Sie besteht hauptsächlich aus fermentierten Sojabohnen. Es gibt eine milde und eine würzige Variante, bedingt durch einen unterschiedlichen Zusatz an Gewürzen und Salz.

KETJAP BENTENG

Hierbei handelt es sich eine Sojasauce aus Indonesien, die mit Gewürzen, Kräutern und Zucker verfeinert wird. Man unterscheidet eine schwach gesüßte Sauce mit dem Zusatz »asin« und eine stark gesüßte mit dem Zusatz »manis«.

HOISINSAUCE

Hoisinsauce ist eine chinesische Abwandlung der Sojasauce, die mit Sojapaste, Knoblauch, Sesamöl, Essig, Chili und Gewürzen verfeinert wird. Sie unterscheidet sich von den anderen Würzsaucen durch ihre rote Farbe. Sie wird zur Pekingente serviert.

TERIYAKI

Teriyaki ist eine spezielle japanische Sojasaucenzubereitung. Die Sojasauce wird um Wein, Essig, Zucker und asiatische Gewürze ergänzt. Sie ist die ideale Sauce zum Grillen. In ihr wird gerne das Grillgut mariniert oder beim Grillen damit bestrichen. Durch den Zuckeranteil karamellisiert das Fleisch und bekommt einen schönen Glanz.

TAMARI

Tamari ist eine andere Art von Sojasauce, die durch Milchsäuregärung gewonnen wird. Sie ist damit ein Nebenprodukt, dass bei der Herstellung von Miso entsteht. Tamari ist milder und in der Regel weniger gesalzen als herkömmliche Sojasauce. Sie enthält keinen Zusatz an Weizen.

MISO

Miso ist eine in Japan sehr beliebte braune Paste aus Sojabohnen. Misosuppe wird mit ihr zubereitet, indem man Miso in Wasser auflöst und Reis-, Gemüse- und Fleischreste in ihr erwärmt.

Schon probiert?

Japanisches Fondue

1 kg Rindfleisch in hauchdünne Scheiben schneiden und auf einer Platte anrichten. Folgende Zutaten nach Belieben in Schälchen anrichten. Shiitake-Pilze, Sojasprossen, Bambussprossen, Wasserkastanien blättrig geschnitten, Möhren in dünnen Scheiben, rote Paprikaschoten in Streifen, Frühlingszwiebeln in breite Ringe geschnitten. In Honig eingelegte Ingwerpflaumen, in Essig eingelegten Ingwer sowie Sojasauce, Chilisauce und Misosauce ebenfalls in verschiedene Schälchen geben. 1 l Hühnerbrühe in einem Fonduetopf erhitzen, und jeder Gast kann sich nun aus den Schälchen Fleisch, Gemüse und Pilze nach Wahl nehmen, sie in der Brühe garen und in die Saucen tunken.

In der Küche

Aroma:
Allen Würzsaucen auf Sojabasis ist gemeinsam, dass sie salzig und würzig schmecken, je nach Sorte mal süß, scharf oder auch nur aromatisch.

Verwendung:
Sie würzen letztlich alle pikanten Gerichte der asiatischen Küche. Ob es nun Gegrilltes, Saucen oder Suppen sind, sie geben den Zutaten den asiatischen Touch. Saucen auf Sojabasis passen gut zu asiatischen Reis- und Nudelgerichten. Zum Nachwürzen stehen sie in ihren Heimatländern oft auf dem Esstisch.

Einkauf/Lagerung:
Würzsaucen auf Sojabasis gibt es in Supermärkten, im Asiashop oder in Gewürzhandlungen zu kaufen. Auch wenn sie kaum verderben können, sollte man sie in kleinen Flaschen kaufen. Geöffnet verlieren die Saucen mit der Zeit an Aroma. Sie sollten bevorzugt im Kühlschrank aufbewahrt werden.

Küchentipps:
Mit diesen Würzsaucen werden vorwiegend heiße Speisen gewürzt.
Den Salzgehalt und die Schärfe sollten Sie bei einigen dieser Würzsaucen nicht unterschätzen, dosieren Sie die Sauce daher vorsichtig, nachwürzen kann man immer noch.

Würzsaucen

▬ PRODUKTE: Worchestersauce, Maggi Flüssigwürze, HP-Sauce, A.1.-Sauce, Ketchup, Salsa

WORCHESTERSAUCE

▬ ENTSTEHUNGSGESCHICHTE: 1835 gab Lord Sandys den beiden Apothekern John Lea und William Perrins den Auftrag, eine Sauce zu entwickeln, die im Geschmack den indischen Saucen ähnelt, die er während seines Indienaufenthaltes zu schätzen gelernt hatte. Als die Apotheker ihre Sauce fertiggestellt hatten, waren sie mit dem Ergebnis nicht zufrieden, vergaßen jedoch, das hergestellte Produkt zu entsorgen. So lagerte die Sauce in einem Fass im Keller etwa 2 Jahre, bis die Apotheker eher zufällig über den Behälter mit der Sauce stolperten. Bevor sie das Gebräu weggießen wollten, probierten sie die dunkelbraune Flüssigkeit ein weiteres Mal und stellten jetzt zu ihrer großen Überraschung fest, dass die Sauce im Geschmack ein bisschen an gewürzten Wein erinnert und ein wunderbares Aroma hatte. Die neu erfundene Worchestersauce, auch Worchestershiresauce, wurde zum Erfolgsschlager und eroberte in kurzer Zeit die Küchen der westlichen Welt.

■ HERSTELLUNGSVERFAHREN: Heute wird die Worchestersauce nicht nur von der Firma Lea & Perrins hergestellt. Die Zutaten und das Herstellungsverfahren sind bei allen Worchestersaucen ähnlich, aber nicht identisch. Die dunkle, englische Würze wird hauptsächlich aus Tamarinde, Chili und Sardellen zubereitet, ferner werden Malzessig, Melasse, Zwiebeln, Knoblauch, Zucker und eine Reihe von Gewürzen zugegeben. Die genaue Rezeptur unterliegt bei jedem Hersteller strenger Geheimhaltung. Damit eine gute Würze entsteht, lagern die Zutaten 3 Jahre in Holzfässern. In dieser Zeit reift das Produkt und es entsteht das würzige, süßliche und ein bisschen nach Sherry schmeckende Aroma.

Maggi Flüssigwürze

▬ Entstehungsgeschichte: 1887 erfand der Schweizer Julius Maggi im Kempttal die Maggi Würze. In dem »Gütterli-Hüsli« in Singen wurde noch im selben Jahr eine deutsche Niederlassung eingerichtet. Julius Maggi hatte bei seiner Erfindung nicht mit dem Gedanken gespielt, ein Würzsauce herzustellen, sondern er sah in der unzulänglichen Versorgungslage mit Lebensmitteln eine unternehmerische Chance. Er betrachtete es als seine Aufgabe, der Bevölkerung gute, vor allem nahrhafte Lebensmittel anzubieten. So begann er 1882, mit Leguminosen zu experimentieren. 1884 brachte er das erste Leguminosenmehl heraus und 3 Jahre später die nach ihm benannte Würze. Sie war in erster Linie ein Produkt für die armen Menschen und ist heute in fast jedem deutschen Haushalt zu finden, wird von Millionären und Arbeitslosen gleichermaßen eingesetzt.

▬ Herstellungsverfahren: Die Maggi Flüssigwürze besteht aus pflanzlichem Eiweiß, Wasser, Salz, Aroma, Glutamat und Hefeextrakt. Das Pflanzeneiweiß wird in einem Gärungsprozess, vergleichbar mit dem Bierbrauen, in seine Bausteine aufgeschlossen. Es entsteht dabei aber kein Alkohol, sondern das Eiweiß schließt sich in seine Aminosäuren auf. Die Würze reift etwa 3–4 Monate in Tanks und erhält dabei ihr charakteristisches Aroma. Der Geschmack erinnert an Liebstöckel. Dieses Gewürz wird gerne auch als Maggikraut bezeichnet. In der Maggi Flüssigwürze befindet sich aber kein Liebstöckel, soviel sei verraten. Welche Aromen sich im Detail in der Würze stecken, bleibt ein Firmengeheimnis.

HP-Sauce

▬ Entstehungsgeschichte: 1899 wurde die braune Sauce mit dem Namen HP-Sauce erfunden. Die Bezeichnung »HP« steht übrigens für »House of Parliament«. Angeblich erfand die Familie Garton das Rezept. Mr. Garton verkaufte diese selbst zubereitete Sauce zuerst nur in seinem Gemüseladen in Nottingham, bevor er dann das Rezept an die Hersteller der HP-Sauce weitergab.

▬ Herstellungsverfahren: HP-Sauce besteht aus einem Gemisch von Malzessig, Melassen, Branntweinessig, Zucker, Datteln, Tamarinde, Sojasauce, Gewürzen und Salz. Alle Zutaten werden gut miteinander vermischt und ergeben in ihrer Zusammensetzung das typische Aroma der HP-Sauce. Sie ist frei von Zusatzstoffen und ein rein vegetarisches Produkt.

A.1.-SAUCE

▬ ENTSTEHUNGSGESCHICHTE: Erfunden wurde diese Sauce in London, doch sie ist heute die wichtigste Grillsauce in Nordamerika. Henderson William Brand, Chefkoch beim englischen König Georg IV., soll die Sauce erfunden haben, und dem König hat die Sauce so ausgezeichnet geschmeckt, dass er sie in seiner Begeisterung »A 1« nannte. Brand stieg sein kulinarischer Erfolg zu Kopf und er gründete eine Firma, die Essenzen und Saucen herstellte. Doch es fehlte ihm das Händchen zum Kaufmann und seine Firma ging Bankrott. Sein Freund W. H. Withall erkannte die Qualität dieser Produkte, übernahm 1850 das Unternehmen und führte es unter dem Namen Brand & Co weiter.

▬ HERSTELLUNGSVERFAHREN: Vor 138 Jahren ist zum letzten Mal an dem Rezept etwas geändert worden. Die süß-pikante Sauce besteht aus Orangen, Knoblauch, Zwiebeln und Kräutern.

KETCHUP

■ ENTSTEHUNGSGESCHICHTE: Ketchup – die rote, dick-flüssige, pikante Würzsauce – ist wohl die Sauce, die die meisten Kids in der westlichen Welt als erstes kennenlernen. Wer nun der Erfinder des Ketchups ist, dazu tappt man ein wenig im Dunkeln. Britische Seeleute brachten aus dem fernen Malaysia »ketsiap« oder »kechap« mit auf die Insel. Das Original war eine typische asiatische Fischsauce aus fermentiertem Fisch, Muscheln und Gewürzen. Der englische Koch Richard Brigg soll 1792 als erster die Idee gehabt haben, den Fisch durch Tomaten auszutauschen. Seitdem gibt es den Tomatenketchup, und natürlich hat jede Firma ihr streng gehütetes Rezept.

■ HERSTELLUNGSVERFAHREN:
Die Grundlage für Ketchup stellt das Tomatenmark dar. Es wird mit Essig, Zucker und Gewürzen wie Paprika, Pfeffer, Nelken, Zimt, Ingwer, Zwiebel und Muskat verrührt. Auch wenn jedes Unternehmen sein eigenes Rezept hat, ist gesetzlich festgelegt, dass Tomatenketchup mindestens 7 Prozent Trockenmasse an Tomaten enthalten muss. Dies entspricht einem Tomatenanteil von 25 Prozent. Neben dem klassischen Tomatenketchup gibt es noch eine Reihe von Varianten. Am beliebtesten ist der leicht bräunlich gelbe Curryketchup, aber auch Zwiebelketchup und Schaschlikketchup werden gerne verwendet.

Salsa

▬ Entstehungsgeschichte: Ob Salsa nun aus Spanien kommt, in Südamerika oder in Mexiko erfunden worden ist, vermag niemand mehr genau zu sagen. Eines ist jedoch klar: Die spanischen Eroberer fanden Gefallen an den würzigen Saucen der Indianer, und so hat die Sauce überlebt, die heute vor allem in der mexikanischen und südamerikanischen Küche zuhause ist.

▬ Herstellungsverfahren: Salsa ist eine Sauce aus einer Mischung aus Tomaten, Tomatillos, Chili, Zwiebel, Knoblauch und Gewürzen. In die Originalsalsa gehört auf jeden Fall Koriandergrün. Je nach Sorte enthält sie auch Oregano, Essig und Öl. Es gibt verschiedene Schärfegrade von »hot« über »medium« bis »mild«. Die Schärfe wird größtenteils bestimmt durch den Anteil an Chili.

Schon probiert?

Küchentipps

Falls Sie mit diesen Würzsaucen Gerichte verfeinern wollen, geben Sie die Saucen erst zum Ende der Garzeit hinzu und dosieren Sie eher sparsam, denn mit all diesen Saucen kann jeder individuell bei Tisch nachwürzen.
Keine dieser Saucen ist salzfrei. Achten Sie daher darauf, dass Sie eventuell das Salz zurücknehmen, damit die Gerichte nicht durch die Kombination von Salz und Sauce versalzen werden.

IN DER KÜCHE

AROMA:
Alle diese Saucen sind würzig bis höllisch scharf.

VERWENDUNG:
Worchestersauce verfeinert in der klassischen Küche vor allem helle Saucen, Ragouts, Fisch und Eiergerichte. Sie ist auch gut zum Marinieren von Grillfleisch. Ein Spritzer Worchestersauce gibt der Bloody Mary die richtige Würze.
Maggi ist eine Universalwürze und passt zu jedem pikanten Gericht. Besonders beliebt ist sie in Deutschland als Tischwürze. Mit ihr peppt man jedes fade Gericht auf.
HP- und A.1.-Sauce sind klassische Grillsaucen. Sie sind die Tischwürzen jedes guten Steakhauses und passen auch ausgezeichnet zu anderen Fleischgerichten, deftigen Eintöpfen und Fischgerichten.
Ketchup ist eigentlich auch als Grillsauce entwickelt worden, aber die Fantasie der Kleinen hat sie zum Universalgewürz bei Nudeln, Eiern, Kartoffeln und damit zu schlichtweg allem Pikanten gemacht.
Salsa ist die schärfste Würzsauce und gehört zu Fleisch- und Fischgerichten der Mittel- und Südamerikanischen Küche.

EINKAUF/LAGERUNG:
Alle diese Saucen haben ein Mindesthaltbarkeitsdatum, auf das Sie beim Einkauf achten sollten, sind in jedem Fall im Kühlschrank lange haltbar.

Welches Gewürz passt wozu?

	Ajowan	Anis	Annatto	Asant	Bärlauch	Basilikum	Beifuß	Beinwell	Bergkümmel	Bockshornklee	Bohnenkraut	Cayennepfeffer	Chili	Curryblätter	Estragon	Fenchel	Galgant	Gewürznelke	Ingwer	Kaffirlimettenblätter
Ei												•			•					
Brot		•							•							•			•	
Gebäck/Kuchen		•																•	•	
Dessert		•																•	•	•
Meeresfrüchte			•									•	•				•			
Fisch			•				•		•					•	•	•	•	•		
Wild											•							•		
Geflügel	•		•	•			•		•	•	•	•	•	•	•		•	•	•	•
Lamm				•			•		•	•	•	•	•	•				•	•	•
Schwein			•				•				•	•	•	•				•	•	•
Kalb												•		•						•
Rind									•			•	•	•					•	•
Reis	•		•									•						•		
Nudeln					•	•						•	•							
Kartoffeln											•	•								
Hülsenfrüchte	•											•		•						
Gemüse	•	•		•	•	•	•	•	•	•	•	•	•	•	•	•	•	•		
Salate					•	•		•								•				
Saucen					•	•	•					•	•	•	•				•	•
Suppen				•	•	•	•	•	•		•	•	•	•	•			•	•	•

Kapern	Kardamom	Kassia	Knoblauch	Koriander	Kreuzkümmel	Kümmel	Kurkuma	aLorbeer	Macis	Majoran	Meerrettich	Mohn	Muskatnuss	Oregano	Paprika	Pfeffer	Piment	Rosmarin	Safran	
●							●		●				●		●	●				Ei
				●	●	●						●				●				Brot
	●	●		●		●			●			●	●		●	●			●	Gebäck/Kuchen
	●	●		●					●			●	●		●				●	Dessert
			●				●		●				●		●	●				Meeresfrüchte
●	●		●				●	●			●		●		●	●	●		●	Fisch
			●						●				●		●	●	●	●		Wild
	●	●	●	●	●		●	●	●	●			●	●	●	●		●	●	Geflügel
	●		●	●	●					●			●			●		●	●	Lamm
	●		●	●		●		●		●			●	●	●	●		●		Schwein
●	●	●	●						●		●		●		●	●		●		Kalb
●	●	●	●	●				●	●			●	●	●	●	●	●	●		Rind
	●	●	●	●	●		●		●					●	●				●	Reis
			●				●						●	●		●			●	Nudeln
				●		●		●		●			●	●	●	●		●		Kartoffeln
				●	●	●		●		●			●			●		●		Hülsenfrüchte
		●	●	●		●		●					●		●	●	●	●		Gemüse
●			●										●		●	●				Salate
●	●	●	●	●		●		●	●				●		●	●		●		Saucen
●	●	●	●	●	●	●	●	●	●	●	●		●	●	●	●			●	Suppen

WELCHES GEWÜRZ PASST WOZU?

	Salbei	Salz	Sassafras	Schnittknoblauch	Schwarzkümmel	Selleriesamen	Senfkorn	Sesam	Sichuanpfeffer	Sternanis	Sumach	Süßdolde	Tamarinde	Thymian	Vanille	Wacholder	Wasabi	Weinraute	Zimt	Zitronengras
Ei		●			●												●			
Brot		●			●	●		●												
Gebäck/Kuchen		●						●		●		●			●				●	
Dessert		●						●		●		●			●				●	●
Meeresfrüchte		●	●											●	●					
Fisch	●	●	●		●	●	●	●	●		●			●	●	●	●	●		●
Wild		●					●							●		●				
Geflügel	●	●	●		●		●	●	●	●	●		●	●	●	●			●	●
Lamm		●			●						●		●	●		●				
Schwein		●			●			●	●	●			●	●		●		●		
Kalb	●	●			●										●		●	●	●	●
Rind		●			●		●	●						●		●	●	●	●	
Reis		●									●		●						●	●
Nudeln	●	●						●												
Kartoffeln		●			●			●	●					●						
Hülsenfrüchte		●			●						●		●	●				●		
Gemüse		●	●	●	●	●	●	●			●		●	●		●		●	●	
Salate		●		●	●						●							●		
Saucen		●	●	●			●			●				●					●	●
Suppen		●	●			●	●	●	●	●				●					●	●

GUTE GEWÜRZKOMBINATIONEN

	Anis	Basilikum	Cayennepfeffer	Estragon	Gewürznelke	Kardamom	Kümmel	Lorbeer	Majoran	Muskatnuss	Oregano	Paprika	Pfeffer	Rosmarin	Salbei	Sternanis	Thymian	Vanille	Wacholder	Zimt
Anis	●				●	●				●						●		●		●
Basilikum		●	●					●			●	●	●	●			●			
Cayennepfeffer		●	●								●	●	●				●			
Estragon				●				●			●	●	●				●		●	
Gewürznelke	●				●	●		●		●						●				●
Kardamom	●				●	●				●						●				●
Kümmel							●	●												
Lorbeer		●		●	●		●	●	●	●	●	●	●	●			●		●	
Majoran								●	●					●			●		●	
Muskatnuss	●				●	●		●		●			●					●		●
Oregano		●	●					●			●	●	●				●		●	
Paprika		●	●	●				●			●	●	●				●		●	
Pfeffer		●	●	●				●	●		●	●	●	●	●		●		●	
Rosmarin		●		●				●					●	●	●		●		●	
Salbei								●					●	●	●		●		●	
Sternanis	●				●	●										●		●		●
Thymian		●	●	●				●			●	●	●	●	●		●		●	
Vanille	●									●						●		●		●
Wacholder				●				●	●		●	●	●	●			●		●	
Zimt	●				●	●				●						●		●		●

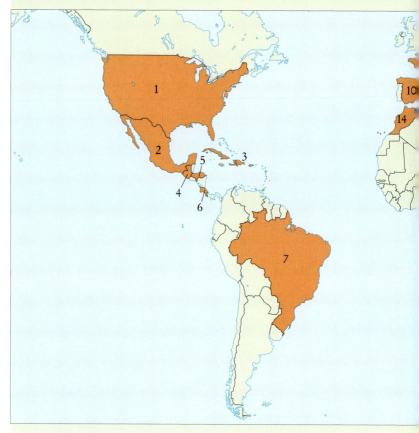

WELTKARTE DER GEWÜRZPRODUZIERENDEN LÄNDER

1 USA: Chili
2 Mexiko: Chili, Paprika, Vanille
3 Antillen: Chili, Paprika, Zimt, Piment, Vanille
4 Guatemala: Kardamom, Zimt, Piment, Vanille
5 Honduras: Zimt, Piment
6 Costa Rica: Zimt, Piment
7 Brasilien: Paprika, Muskat, Pfeffer, Ingwer
8 Niederlande: Kümmel
9 Frankreich: Chili, Paprika, Kümmel
10 Spanien: Chili, Paprika, Safran
11 Polen: Kümmel
12 Ungarn: Paprika, Kümmel
13 Mittelmeerraum: Chili, Safran
14 Marokko: Chili, Kümmel, Kreuzkümmel, Safran
15 Nigeria: Ingwer
16 Ägypten: Kreuzkümmel
17 Tansania: Gewürznelke
18 Komoren: Gewürznelke, Vanille
19 Madagaskar: Zimt, Muskat, Gewürznelke, Vanille
20 Réunion: Gewürznelke, Vanille

Weltkarte

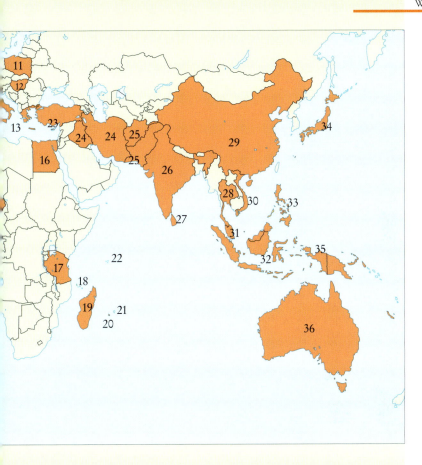

21 Mauritius: Muskat
22 Seychellen: Zimt
23 Vorderasien: Kümmel
24 Irak/Iran: Safran
25 Afghanistan/Pakistan: Kreuzkümmel
26 Indien: Chili, Kümmel, Kreuzkümmel, Kardamom, Safran, Pfeffer, Ingwer
27 Sri Lanka: Kardamom, Zimt
28 Thailand: Chili
29 China: Chili, Safran, Sternanis, Sichuanpfeffer, Ingwer
30 Vietnam: Sternanis, Sichuanpfeffer
31 Malaysia: Kardamom, Pfeffer
32 Indonesien: Chili, Zimt, Muskat, Pfeffer, Gewürznelke, Ingwer
33 Philippinen: Sternanis
34 Japan: Sternanis, Ingwer
35 Neuguinea: Muskat
36 Australien: Ingwer

Ein Gewürzhaus zeichnet sich dadurch aus, dass es der einzige Ort ist, der einem gleichzeitig das Gefühl von »Zuhause« und »in der großen weiten Welt« vermittelt.

ADRESSEN VON GEWÜRZHÄUSERN

Hamburg
Violas' Gewürze & Delikatessen
Eppendorfer Baum 43
20249 Hamburg
Tel: 040 / 46 07 26 76
Fax: 040 / 46 88 12 78
Internetseite:
http://www.violas.de

Berlin
Kaufhaus des Westens
6. Stock
Tauentzienstraße 21-24
10789 Berlin
Tel: 030 / 21 21-0
Fax: 030 / 21 21 26 20
Internetseite:
http://www.kadewe.de

Süderholz
Essbare Landschaften GmbH
Olaf Schnelle und Ralf Hiener
Gutshaus Boltenhagen
18516 Süderholz
Tel: 0 38 32 6 / 46 33 5

Fax: 0 38 32 6 / 46 33 7
Internetseite:
http://www.essbare-landschaften.de

Dresden
Gewürze & Tee Sonja Köhler
Hauptstraße 23
01328 Dresden
Tel: 03 51 / 26 40 303

Düsseldorf
Gewürz-Haus Vogel
Mertensgasse 25
40213 Düsseldorf
Tel: 02 11 / 32 57 88

Frankfurt am Main
Gewürzhaus Schnorr
Neue Kräme 28
60311 Frankfurt
Tel: 069 / 284 717
Fax: 069 / 283 408
Internetseite:
http://www.teeshop.de/

München
Kräuterparadies Lindig
Blumenstrasse 15
80331 München
Tel: 0 89 / 26 57 26
Fax: 0 89 / 23 26 98 57
Internetseite:
http://www.1887.de

Mühlen und Gewürzmuseen

Senfmühle Monschau
Senfmüller Guido Breuer
Laufenstraße 116-124
52156 Monschau
Tel: 0 24 72 / 22 45
Fax: 0 24 72 / 59 99
Internetseite:
http://www.senfmuehle.de

Gewürzmuseum GmbH
Am Sandtorkai 32
20457 Hamburg
Tel: 040 / 36 79 89
Fax: 040 / 36 79 92
Internetseite:
http://www.spicys.de

Meerrettich-Museum
Judengasse 11
91081 Baiersdorf
Tel: 0 91 33 / 60 30 40
Internetseite:
http://www.schamel.de

REGISTER

Ajowan 216
Allium sativum 24
Allium tuberosum 28
Allium ursinum 30
Alpinia galanga 34
Anis 164
Annatto 54
Apium graveolens 38
Armoracia rusticana 40
Artemisia dracunculus 44
Artemisia vulgaris 50
Asant 106

Bärlauch 30
Basilikum 144
Beifuß 50
Beinwell 200
Bergkümmel 120
Bixa orellana 54
Bockshornklee 218
Bohnenkraut 188

Capparis spinosa 56
Capsicum 60
Capsicum annuum 63
Capsicum baccatum 62
Capsicum chinense 62
Capsicum frutescens 62, 68
Capsicum pubescens 62
Carum carvi 72
Cayennepfeffer 68

Chili 60
Cinnamomum aromaticum 76
Cinnamomum verum 78
Citrus hystrix 82
Coriandrum sativum 84
Crocus sativus 88
Cuminum cyminum 92
Curcuma longa 96
Curryblatt 128
Cymbopogon citratus 100

Elettaria cardamomum 102
Estragon 44

Fenchel 108
Ferula asafoetida 106
Foeniculum vulgare 108

Galgant 34
Gewürznelke 204

Illicium verum 112
Ingwer 232

Juniperus communis 116

Kaffirlimetten 82
Kaper 56
Kardamom 102
Kassia 76
Knoblauch 24
Koriander 84
Kreuzkümmel 92

Kümmel 72
Kurkuma 96

Laserpitium siler 120
Laurus nobilis 122
Levisticum officinale 126
Liebstöckel 126
Lorbeer 122

Macis 130
Majoran 148
Meerrettich 40
Mohn 156
Murraya koenigii 128
Muskat 130
Myristica fragrans 130
Myrrhis odorata 134

Natriumchlorid 135
Nigella sativa 140

Ocimum basilicum 144
Oregano 152
Origanum majorana 148
Origanum vulgare 152

Papaver somniferum 156
Paprika 64
Pfeffer 168
Pfeffer, grün 171
Pfeffer, lang 172
Pfeffer, schwarz 171
Pfeffer, weiß 171

Piment 160
Pimenta dioica 160
Pimpinella anisum 164
Piper nigrum 168

Rhus coriaria 174
Rosmarin 176
Rosmarinus officinalis 176
Ruta graveolens 180

Safran 88
Salbei 182
Salvia officinalis 182
Salz 136
Sassafras 186
Sassafras albidum 186
Satureja hortensis 188
Schnittknoblauch 28
Schwarzkümmel 140
Sellerie 38
Senf 196
Sesam 192
Sesamum indicum 192
Sichuanpfeffer 228
Sinapis alba 196
Sternanis 112
Sumach 174
Süßdolde 134
Symphytum officinale 200
Syzygium aromaticum 204

Tamarinde 208
Tamarindus indica 208

Thymian 212
Thymus vulgaris 212
Trachyspermum ammi 216
Trigonella foenum-graecum 218

Vanilla planifolia 222
Vanille 222

Wacholder 116
Wasabi 226
Wasabia japonica 226
Weinraute 180

Zanthoxylum piperitum 228
Zimt 78
Zingiber officinale 232
Zitronengras 100

**VERZEICHNIS DER REZEPTE
UND GEWÜRZMISCHUNGEN**

Aal im Knuspermantel 52
Apfelbett, Himmlisches 150
Anismakronen 166

Bärlauchbutter 32
Bärlauchquark 32
Beinwell-Kartoffel-Suppe 202
Bohnensuppe, Türkische 190
Bouquet garni 124
China-Ente 114

Cocktailtomaten in
    Estragonessig 46

Einmachgewürz 198
Estragonbutter 48
Estragonessig 48

Fünfgewürzmischung 114

Garam masala 86
Garneleneintopf, Kreolischer 70
Garnelenspieße in
    Galgantsauce 36
Gomasio 194
Gurkensalat 142

Herbes de Provence 214

Kardamom-Eis-Tee 104
Kardamomtee 104
Kartoffelsuppe, Indische 220
Kiwichutney 234
Kräuterfüllung für Lamm-
    oder Schweinefilet 214

Mangochutney 98
Mohnzopf 158

Nürnberger Lebkuchen 162

Pesto 146

Quatre épices 206

Ras el hanout 132
Rosmarinessig 178
Rosmarinöl 178
Rumglögg 206
Rumpsteak mit Tomate
und Mozzarella 154

Saltimbocca 184
Seebarsch mit
Fenchel 110

Sichimi togarashi 230
Sukiyaki 230

Tahin 194
Tandoori 234
Tatarsauce mit Kapern 58

Vanilleeis, Selbstgemachtes 224

Wildmarinade 118

FOTONACHWEIS

AKG, Berlin: 8, 9, 10, 12, 13, 14, 15 (Foto Brigitte Hellgoth), 16, 17 (Foto Lessing), 19, 20, 21, Marlein Auge: 22, 35, 47, 161, 175, 198, 227, 240, 241, 242, 251, 255, 258, 270, 278, 279, 287, 288
Wayne Chasan: Vor-/Nachsatz
Fuchs Gewürze: 162, 190
Gewürzmuseum Hamburg: 297
HP Foods Ltd: 285
Kikkoman: 275,
Kräuterhexe: 268
Maggi: 284
Werner Rauh: 89, 107
Firma Schamel: 42
Senfmühle Monschau: 265
Roland Spohn: 25, 26, 29, 31, 32, 36, 39, 41, 45, 51, 54, 57, 58, 65, 69, 73, 74, 77, 79, 80, 82, 85,

86, 93, 94, 97, 98, 101, 103, 104, 109, 113, 114, 117, 121, 123, 127, 129, 131, 134, 137, 141, 142, 145, 149, 153, 157, 158, 165, 166, 169, 170, 177, 181, 183, 187, 193, 194, 197, 201, 202, 205, 209, 217, 219, 223, 224, 225, 229, 231, 233, 267,
Brigitte Sporrer und Alena Hrbkova: 46, 90, 146, 150, 173, 234, 237, 238, 243, 244, 247, 250, 252, 256, 261, 262, 276, 280, 286
Anette Timmermann: 61, 189, 213
British Library: 9, 13
Victoria&Albert Museum: 19
Musée du Louvre: 17
Galleria int. d'arte moderna: 16